柴米油盐经济学

邓新华 著

中国友谊出版公司

图书在版编目（CIP）数据

柴米油盐经济学 / 邓新华著 . — 北京 : 中国友谊出版公司 , 2018.6

ISBN 978-7-5057-4364-9

Ⅰ . ①柴… Ⅱ . ①邓… Ⅲ . ①经济学–通俗读物 Ⅳ . ① F0-49

中国版本图书馆 CIP 数据核字（2018）第 082464 号

书名 柴米油盐经济学

作者 邓新华

出版 中国友谊出版公司

发行 中国友谊出版公司

经销 新华书店

印刷 三河市冀华印务有限公司

规格 700×980 毫米 16 开

15 印张 198 千字

版次 2018 年 10 月第 1 版

印次 2018 年 10 月第 1 次印刷

书号 ISBN 978-7-5057-4364-9

定价 45.00 元

地址 北京市朝阳区西坝河南里 17 号楼

邮编 100028

电话 (010)64668676

序言

陈志武 香港大学经济学冯氏讲席教授与亚洲环球研究所所长、耶鲁大学前金融经济学教授

邓新华这些年的写作很出色，以浅显的语言、通俗的故事把经济学的道理讲得清楚易懂。而这本《柴米油盐经济学》则是收录了他的一些有针对性的文章，不愧是一部对人们理解经济学有所助益的好著作，值得我们好好阅读、学习和思考，尤其是其中许多观点恰逢其时，或可助力国人纠正时弊。

比如，在《蒜价暴涨，囤蒜大户其实降低了通胀》这篇文章中，邓新华讲到，在2016年蒜价飞涨、媒体报道某些人因囤积大蒜而猛赚之后，有网友就呼吁："对炒蒜的这一小撮奸商，国家应没收他们的非法所得，罚得他们倾家荡产，让他们终生敬畏投机。"虽然行政部门未必这样做，但在体制内外，对这种"药方"的支持度还是很高。

实际上，早在周朝时，回应商人的这种"投机倒把"的方式，是由政府建立"常平仓"体系，意在供给过剩时低价买进并囤积，供给不足时高价卖出。这等于

由官方代替私人，去做同样的跨期配置供给、平抑价格波动的事。当然，由政府这样做，社会似乎更能接受，反正只要不是私人赚钱就行。尽管由官方经营所带来的对民间市场的“挤出效应”，使本来可以按自身规律推演的市场机制不再有发展空间，造成市场的长久停歇或倒退。在之后的各朝代，继续在官办“常平仓”和民办“投机倒把”之间徘徊，以至于让致力寻找中国“资本主义萌芽”证据的学者，时常在“兴奋”与“失望”间游荡。到了20世纪计划经济时期，甚至改革开放后的80年代与90年代，仍然相当流行“打倒投机倒把”之说，通过法规和政策具体地阻止跨时间、跨空间配置资源的交易行为，他们还是没看到或理解金融的社会价值，不能理解如果没人冒险跨期囤积或者辛劳地异地运输，短缺时就会更加短缺、高物价时就会物价更高。

如今，改革开放已经40年了，可是，邓新华从这些反应和政策讨论中认识到，如今人们照样缺乏对经济学原理的理解。于是，他用耐心、用生活中的具体事例，为我们把经济学道理讲通、讲透。这是值得赞赏的努力。

书中有许多富有启发性的经典故事和深刻道理。《贾府养宗教“奶牛”，错在哪儿？》这一篇就值得众多企业家深思。虽然南宋朱熹出于非经济目的提倡各家族兴家庙，但从专长和可持续性的角度看，邓新华认为私庙不如公庙，因为贾府并无办庙的特长，也无办庙的效益，并且私庙的命运完全跟贾府的兴衰捆绑在一起。邓新华从这个角度看出贾府私庙所存在的问题，实际上这也反映出国内企业普遍存在的问题。众所周知，这些年，不管是国企还是民企，尤其是民企，都不管是否有专长、是否与主业相关，就什么都做。既垂直整合全产业链，又横向扩张板块，恨不得把中国经济的各类行业、所有业务都包罗于自己单个集团之中。那么，为何不能善用亚当·斯密关于专业分工的道理，反而一味追求多元经营模式？是什么促使每个公司都想成为“中国的GE”呢？当然，贾府是小说中的虚构产物，如今美国的GE也摇摇欲坠，多少“无所不做公司”能超越贾府的命运呢？

所以，本书的各个章节都寓意深刻，值得个人、家庭、企业家和施政者细读与思考。邓新华给我们提供了一堂及时的经济学通识课。

2018.9.2

目　录

CONTENTS

PART 01 产权导向富裕

PART 02 储蓄出富翁

PART 03 从生活小事看宏观调控

PART

05 管制，管住了谁

PART

06 理解商业

PART 07 理解生活

PART 08 市场比医生更会救人

PART 09 从出生到养老的陷阱

PART

10 远方是诗还是泡沫：房价走向何方

PART 01

产权导向富裕

西方大国的兴衰、近代各国的沉浮都证明一个问题：私人产权得到很好保护的国家，总是能突破重重障碍，跨越层层陷阱，让社会长期保持稳定；而不能长期有效保护私人产权的国家，总是战乱不断，社会发展滞后。由此可见，产权保护不仅关系到个人的利益，还关系到国家的兴旺发达。经过几十年的发展，中国目前正在成为创新型经济体，产权问题的重要性比以往更加突出。那么，我们该如何加强对私人产权的保护呢？本章会带给你答案。

贾府养宗教“奶牛”，错在哪儿？

在生活中，一些人早餐时要喝上一杯牛奶补充一天所需的营养，人们只需要等送牛奶的师傅把牛奶送到家就可以了，很少有人会为了喝新鲜的牛奶而去养一头奶牛，因为这是一件不划算的事情。要是自己养奶牛，首先需要给奶牛找一个饲养场地，每天喂养它，还要花时间挤奶，虽然这样节省了买牛奶的钱，但养奶牛的成本比直接买牛奶要高出几十倍甚至几百倍。然而，《红楼梦》这本书中的贾府，却做了这样一件得不偿失的事情。

在贾府中有一处建筑叫作栊翠庵，是专门为元妃省亲时用来做法事的寺庙，同时也是贾府奢华的宗教消费品，作为贾府的私庙，它的产权很明晰，就是归贾府所有。在古代，很多高品级官员的府邸中有这样的私庙，它们都有一个共同点——不长命。

那么，私庙为什么不能长命呢？根本原因就在于私庙的命运是由其产权主人的命运决定的。俗话说：“富不过三代。”一旦产权主人败落，私庙想要转型为公共协作型的寺庙，就会变得很难。因为私庙迎合的口味比较窄，并且缺乏相应的协作机制。

所以，贾府选择私庙消费可以说是失策的；贾府在宗教上的精神需求其实很小。贾母等人的精神需求层次较低，张师姑、马道婆之类的就可以满足她们。贾宝玉、林黛玉等人，也不过是把栊翠庵当成踏雪寻梅、吟风弄月的场所，对它并无宗教层面的需求。栊翠庵其实就是摆个样子，平时罕有人问津。贾府修建栊翠庵，等于养了奶牛也不喝奶。如果在贾府权势正盛时，做这么奢华的事情倒也罢了，在贾府行将败落时，养这么一头昂贵的宗教“奶牛”，必然会加速贾府的衰败。

另外，栊翠庵在京城私庙圈中算不上出彩的，贾府挑选镇庙之人，选中的是妙玉，估计看中的是她的官家小姐身份。但是妙玉并没有任何宗教层面的特长，倒是更像住在庙中的文人清客。栊翠庵既不能度悲苦、解人生之惑，又没有讲经论禅的大师，这样的一座私庙，又怎么会脱颖而出，被外人所知呢？最终的结局只能是任其闲置。

栊翠庵可谓私庙失败之典型，与之形成对比的是像少林寺这类的千年古刹，它们的共同点就是没有被产权控制，难道这说明了在宗教领域内，私产不如公产有效率吗？其实并不是这样的。

图 1.1　那些百年、千年古刹的存在并非是公产的胜利，其实仍是私产的胜利。虽然它们没有明确的产权主人，但它们无一不是在私产的约束之下。

那些百年、千年古刹的存在并非是公产的胜利，其实仍是私产的胜利。虽然它们没有明确的产权主人，但它们无一不是在私产的约束之下。人们通过观察古刹管理层的“文化”，来决定是否捐献，以此形成对寺庙管理层的约束，而这些古刹大多也不是靠产业经营而存活的，它们的经济根基最终还是信众、游客的捐献。为了不断获得捐献，僧人们必须按照信众的喜好行事。为了争取捐献者，僧人们会做出很多改变。表面上看，寺庙是僧人在掌控，但实际上，僧人只是捐献者们认可的执行者。一旦捐献者不认可执行者，寺庙就无法维持。这说明，是私产主人——捐献者，在支配着寺庙的兴衰，所以，古刹同样是私产的胜利。

栊翠庵既没有转型为公共寺庙的人才储备，也没有相应的经济机制，它只能和贾府一起沉沦。而对普通信众来说，最经济的做法是参与到寺庙的公共协作中去，当自己需要满足精神需求时可以随时去，而平时则自有其他信众在维持着寺庙的延续。

以公立医院为主体，中国医疗体系有何优点？

有些中国人经常会做出一些让外国人瞠目结舌的事情，他们不仅蜂拥着漂洋过海去日本抢购马桶盖、电饭煲，而且还会挤破脑袋去海外享受高端医疗服务。这也吸引了许多国外医院瞄准了拥有庞大人口基数的中国，纷纷来中国掘金。

一些中国人之所以会选择去海外医院就医，根本原因就在于，去海外医院是“花钱买服务”，在部分国内医院则是“花钱看脸色”。很多人在国内医院看病时有过不愉快的经历，比如医生态度不好，冷漠，不耐烦，多问两句就不回答了。

傲慢与冷漠似乎是国内公立医院的两大“特色”，让一些国人深恶痛绝。但是，很多有国外从业经验的人也指出中国医疗体系的许多地方优于海外。比如，看普通疾病时人们不用排几个月的队，某些费用比国外便宜，中国医生的临床经验比较丰富等。

在以公立医院为主体的情况下，中国医疗体系的这些优点是如何出现的呢？我曾经和两位医疗器械行业的朋友聊过这个问题，他们说出了自己的看法。他们认为，医疗改革以来，在财政压力下，公立医院其实在体制上有了很大的变革。根据他们的经验来看，在公立医院的内部，除了院长以外，科室负责人也有很大的决策权，很多事情他们可以无须向院长汇报而自主决策。在这一体制下，公立医院在实际上有相当一部分的私有属性。正是这部分私有属性，使得公立医院的服务越来越完善。

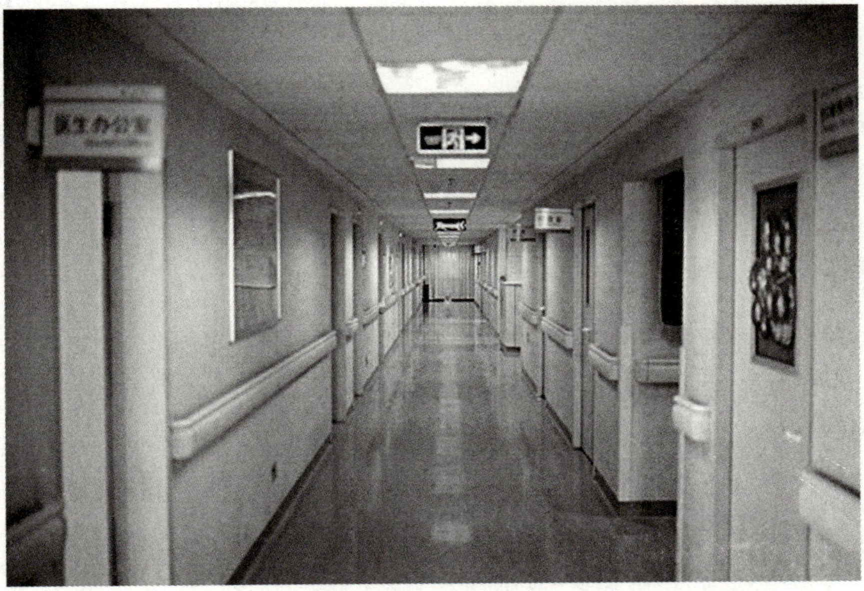

图 1.2　公立医院在实际上有相当一部分的私有属性。正是这部分私有属性，使得公立医院的服务越来越完善。

我认可他们的观点，因为产权的确不能仅仅从名义上看，而且产权也不是要么彻底公有、要么彻底私有这样泾渭分明；名义上是公有产权的，实际上可能会带有部分私有属性。

随着影视明星李冰冰在澳大利亚生病就医，护士在其身上扎针扎得鲜血直流却连句道歉都没有的新闻爆出后，越来越多的人开始吐槽国外的医院。比如，需要等上好几个月才能预约上手术，没有保险遭遇天价医疗账单，国外医生比较依赖器械，手工操作方面不够细致……种种吐槽终于让国内医疗界扬眉吐气了一回。

面对这些吐槽，有些国人不愿意相信西方医院居然有许多不如中国医院的地方。其实，如果理解经济规律，就会明白这完全正常。中国公立医院没有想象中那么糟，是因为它的部分私有属性；西方医院没有想象中那么好，是因为它们被政府拿走太多产权。

西方很多医院名义上是私有产权，但政府这也管，那也管，医生资格、药价、新药审批，都要管一管，这就等于官员拿走了医院的一部分产权。官员拿走这部分产权，如果他们能够用来交易，尚且不算最糟，因为医院可以买回这部分产权，俗称“行贿”。但问题是，官员拿走这部分产权，却不能买卖，只能用来管制医院，所以为了体现这些产权的价值，他们就会全力管制医院。

我以前打过一个比方：古代有些太监也会娶妻子，但与普通人不同，他们对妻子骂、掐、打，以体现他们的“存在”。官员拿走一部分产权，权利被变为权力，但却不准他们“受贿”。他们的行为就会像娶妻的太监一样，用力使用自己的权力。不仅西方的医院如此，其他行业也是如此。

公立医院的部分私有属性挽救了大量病人，但是不懂经济学的人看不到这一点，他们以为是公立属性救了人。当然，名义公有、部分私有并不是值得留恋的产权状态，所以应该让医疗改革的方向变得更加市场化。

保护产权不要斤斤计较收费

《孟子·滕文公上》有这样一句话："民之为道也，有恒产者有恒心，无恒产者无恒心。"这句话强调，社会的稳定在于让大多数人持有"恒产"，由此可见产权自古以来就是稳定人心、推动社会发展的"定盘星"。而在当今社会，房屋土地使用权到期后，老百姓该怎么办？花了大半辈子的积蓄买的房，70 年后还是我的吗……这类房屋产权问题仍然是老百姓最关注的。

2016 年 11 月 27 日，《中共中央国务院关于完善产权保护制度依法保护产权的意见》（以下简称《意见》）正式对外公布，这是我国首次以中央名义出台产权保护的顶层设计，进一步强化了产权保护的法治化路径。《意见》第十大项第一句明确写道："研究住宅建设用地等土地使用权到期后续期的法律安排，推动形成全社会对公民财产长久受保护的良好和稳定预期。"

这无疑会使人们形成最良好、最稳定的预期。政府放弃如此巨大的利益，保护产权的决心彰显无遗，没人会再存疑。解决了期限问题，接下来解决流通问题、抵押问题等，就方便了。

假设有一套房还有 10 年到期，在这之前，由于存在不确定性，业主不敢做长远规划，也无法用于抵押。解决永久期限的问题后，业主就可以做长远规划、抵押等，相当于政府一分钱没花，就给了人们一大笔财富，这就是产权制度的魔力。秘鲁著名经济学家赫尔南多·德·索托在《资本的秘密》中说过，仅仅明确产权保护，就等于凭空增加了财富，全社会凭空增加巨额财富，经济重回高速增长轨道不难。

这样看起来放弃了再收一笔土地使用权费的巨大利益，政府在财政上有点儿"吃亏"，但经济高速发展，税源增加，如果再加上由此带来的社会稳定、良治的效果，一切都将焕然一新。

当然，一旦土地使用权免费永久续期的预期确立，如果土地供给不增加，地价确实会上涨。因为，永久使用权的价格和 70 年使用权的价格的确会不一样。解决这个问题的办法，是大幅增加土地供给，降低地价，以降低后来者的“不公平”感。

土地使用权续期问题只是土地产权问题之一，与此类似的还有小产权房合法化问题。小产权房是一项巨大的、预期不稳定的资产，不应再任其处于不稳定的预期中。

同样，还有房地产税以及与房子相关的遗产税等问题。

稳定预期就是天降财富，必然会引起经济的良性连锁反应，百姓、政府都受益。

图 1.3　改革的公平，从来不是公平地限制所有人。让一部分人先突破限制、获得稳定的产权，这是权利的回归，而不是新设了某项特权。

管住货币，企业家对产权稳定会更有信心

2016 年 12 月 16 日，中央经济工作会议在北京闭幕，会议发出的 5000 多字的通稿透露出很多重要的经济信号，其中首次明确提出的“要稳定民营企业家信心”，备受民营企业家关注。而早在上个月（2016 年 11 月）发布的《中共中央国务院关于完善产权保护制度依法保护产权的意见》也指向完善产权保护制度、稳定社会预期。由此可见，民营企业家的信心问题是国家高度关注的问题。

保护企业家精神是中国经济长期良性发展的基础，但是，改革开放至今，民营企业家的信心稳定问题一直未能很好解决，而富人移民潮、民间投资下滑等现象已经对中国经济构成了挑战，所以让民营企业家信心稳定才会在如今成为重中之重。

虽然中央经济工作会议把“坚持社会主义市场经济改革方向，坚持扩大开放”和“稳定民营企业家信心”放在一起说，但改革开放和“稳定民营企业家信心”并非一种并列关系，而是一种因果关系。只有坚持市场经济，坚持对外开放，才能让民营企业家信心稳定。

其实，市场经济的基础就是产权。

“完善产权保护制度”的中央文件着力于产权的平等保护、历史纠纷、政府守信等问题，无疑给民营企业家吃了一颗定心丸，但这些只是微观方面。

其实，宏观问题也是产权问题。比如通货膨胀，实际上是货币洪流冲击了人们的购买力，使得靠近货币出口的企业、人获得了更多资源，这里面就存在一种无形的产权转移。现在人们关注的“干实业不如炒房”的现象，就是由这种无形的产权转移所导致的。所谓的经济“脱实向虚”，很多人怪罪企业家浮躁，其实，企业家也是跟随货币大势走，也是一种维护

产权的努力而已。

中央经济工作会议提出“要在宏观上管住货币”，可谓抓住了宏观经济的一大要害。管住货币，企业家对产权的稳定就会更有信心。稳定的货币环境下，企业可以从容地进行经济核算，企业家就有信心进行长期投资。

货币洪流导致的无形的产权转移使得实体经济生产结构扭曲，产能发生错误，就是我们通常所说的“产能过剩”。“过剩”这个词掩盖了生产结构扭曲这一真实原因，似乎“过剩”是企业家过度生产的结果。

所以，政府甘于少作为，包括宏观上少作为，对稳定民营企业家信心非常重要。“管住货币”就是在货币上要少作为，把融资、汇率、利率等事情交给市场，特别是建立轻税制度。

毫无疑问，建立稳定的轻税制度能大大提振民营企业家信心。这些年

图 1.4　其实，市场经济的基础就是产权。

企业呼吁减税，政府也多次减税，但减税效果却总是不能令人满意。经济学者冯兴元说，减税和轻税是不同的。减税是权宜之计，而轻税是稳定的制度。的确，尽管多年喊减税，但加税的乌云也始终未散，比如房产税、遗产税等，就一直笼罩在人们头上，不知什么时候会消散。

当下也应该宣布明确的轻税制度建设目标，以轻税取代减税，必然能大幅消除人们的隐忧，有利于稳定民营企业家的信心。

至于放松对企业的各项管制等，中央一直在削减审批、权力下放，只要鼓舞起地方竞相简政以吸引税源的热情，一定会有很好的效果。

PART 02

储蓄出富翁

在中国，结婚、买房、子女教育、医疗、养老等所需的大额费用困扰着很多普通家庭，因此很多人不得不抱着钱生钱的希望早早地进行投资理财。社会上的理财方式有很多，也暗藏着许多陷阱，这让很多人在投资理财的前期，不得不纠结于理财收益、风险等因素，久久做不出决断。因而如何选择合适的理财方式，保证自己辛苦积攒的钱能够合理地保值增值，又成为困扰人们的问题。那么，哪种理财方式比较好？本章为你揭晓答案。

《穷爸爸，富爸爸》中的经济学

在图书市场上，出现过很多畅销的经济学读物，《穷爸爸，富爸爸》就是其中之一。造成穷爸爸和富爸爸产生区别的根本原因，就在于财务观念的不同。这本书的作者罗伯特·清崎强调，是储蓄和投资带来财富。穷爸爸喜欢“劫富”；富爸爸却认为高税收是一个损害储蓄的机制，他说：“他是政府官员，而我是资本家，虽然我们都得到了报酬，但我们对成功的衡量标准却相反。他的工作是花钱和雇人，他花的钱越多和雇的人越多，他的机构就会越大。在政府中，谁的机构越大，谁就更受尊敬；而在我的组织中，我雇的人越少，花的钱越少，我就越能受到投资者的尊敬。”

在普遍缺乏经济学思维方式的人群中，政府要按照穷爸爸的思维方式花钱非常容易，并且能得到人们的欢呼。

现代经济学最有影响的经济学家之一凯恩斯认为，需求产生供给，消费促进经济发展。刺激消费容易但刺激储蓄却必须靠市场手段进行，只有优越的市场环境才能带来高回报，才能扩大储蓄。但做市场就需要政府袖手旁观或者尽量少参与，所以媒体上才会充斥着“扩大内需、刺激消费”这样典型的凯恩斯主义的话语体系。按照凯恩斯派的推论，一个人消费，就为他人带来了收入，他人再接着消费，又为另外一群人带来收入，于是，形成了一个收入链条。一项消费能让链条上的这么多人受益，消费的重要性，难道不是显而易见的吗？

凯恩斯派没有看到的是，如果这笔钱不是被用于不那么必要的消费，就会被用于储蓄，并投资到其他更重要的地方，满足他人更重要的需求，这也能让链条上的很多人获得收入。同时，这样做还能给储蓄者带来回报，扩大储蓄者在未来的消费能力。也就是说，只有储蓄才能促进资源的优化配置。

当然，反对凯恩斯派并不是说应该反对消费，而是说，人们自然会自行进行必要的消费，不需要特意去刺激。如果强行刺激消费，虽然短期内可以带来繁荣的现象，但长期却是损害经济发展的。

图 2.1　如果这笔钱不是被用于不那么必要的消费，就会被用于储蓄，并投资到其他更重要的地方，满足他人更重要的需求，这也能让链条上的很多人获得收入。

通货膨胀是复利理财的天敌

很多理财读物上有强调“复利理财”的内容，这些内容通常会强调时间。比如，每年 10% 的回报利率，看起来很少，但是，年数久的话，复利会很可观。投资 1 万元，每年复利 10%，15 年后就会变成 4.2 万元。而大多数理财产品推销员在向顾客推销理财产品时，也会宣传复利的作用，并讲一些传奇的故事，比如某个人曾经在某银行里存了 1 万美元然后忘记了，过了 50 年才想起来，结果发现自己变成了亿万富翁。

所谓复利，其实就是“利滚利”。投资者通过投资获得收益，并将收益继续用于投资，这就是复利理财。复利理财强调时间和持续投资的道理当然没有问题，因为如果是在一个稳健的货币环境下，复利理财的确可以帮助人们实现财务自由的梦想。但是，复利理财存在着一个天敌，那就是通货膨胀。

清华大学教授韩秀云在做讲座时喜欢出示一张旧版的 5 元人民币。她说，在 20 世纪 80 年代初，由于刚刚从物资匮乏的时代走出来，她对贫穷还心有余悸，于是，她收藏了 5 元钱，并绝不轻易动用。她想的是，万一到了山穷水尽的时候，她还可以用这 5 元钱生活一个月。“但是现在 5 元钱能做什么呢？”韩秀云问。5 元钱让人对通货膨胀的厉害有了直观的感觉。通胀猛于虎，它可以把 30 年前一个月的生活费，变得现在连一份盒饭都买不到。

假设韩秀云没有把那 5 元钱藏起来，而是用于投资，并且是复利投资，情况会怎么样呢？假设每年的复利率是 12%，韩秀云从 1981 年开始投资，那么，到 2011 年，最初的投资大概会变成 30 倍（29.9599 倍）。也就是说 5 元钱变成了 150 元钱，这当然是不错的回报了。但是，要想拿着 150 元钱在北上广这样的大城市维持一个月的生活，恐怕只能每顿都吃咸菜馒头了。复利虽然厉害，但也会被通货膨胀打败。

普通人的投资渠道并不多，尤其是稳定在 12% 以上的年回报利率的投资。事实也证明，很少有高达 12% 的存款利率，所以 12% 的投资回报利率意味着寻找存款之外的投资渠道，这就意味着承担投资风险。很多投资理财骗局也正是抓住这一点，向顾客承诺高于 12% 甚至高达 30% 的投资回报，当骗取的钱财达到一定金额时，就卷钱跑路。

通货膨胀是复利理财的天敌，同样也带来了养老难题，因为普通人无论如何勤劳、如何努力，辛辛苦苦积攒的财富都可能会在不可思议的通货膨胀中化为乌有。

有些人会产生疑问，为什么我们可以存钱买房、买车，却不能存钱养老呢？根本原因就在于通货膨胀是难以从官方的 CPI 数据中看出来的，拉长时间才可以看得出来，而养老是二三十年后的事，没有人能够预料到那时的通货膨胀会到什么地步。

20 世纪 80 年代初期，拥有上万元资产，就算富人，如果那时有人跟你说 30 年后 1 万元用来养老等同杯水车薪，你肯定不会相信。的确，看起来，5 元钱可以维持基本生活一个月，一年才 60 元；如果过好一点儿，翻倍，每年 120 元，1 万元可以花 80 多年，怎么也够了。但是现在呢？随便一个打工者都会拥有万元存款，谁会相信 1 万元可以养老？

你可以说，那我努力存钱，攒够养老钱就可以了。还是在 20 世纪 80 年代，一个 20 多岁的青年努力工作，30 年后，他存够 100 万元，到了 60 岁，该退休了，他敢对自己退休后的生活放心吗？显然，我们还需要更多的条件保障：没有房贷、没有啃老的子女、没有……所以，今天的普通人觉得 100 万元存款是一笔巨款，可以养老，但二三十年之后他们会发现，100 万元存款也不能让人放心。

所以，通货膨胀使很多财富被浪费于无形，就像复利，只不过通胀是负的复利。每一年，通货膨胀看起来都是个位数，但是，长年累月下来，就变得很惊人，它使天文数字的存款，渐渐变得什么都不算。

图 2.2　通货膨胀是难以从官方的 CPI 数据中看出来的，拉长时间才可以看得出来，而养老是二三十年后的事，没有人能够预料到那时的通货膨胀会到什么地步。

解决经济危机不能靠消费

如果国家在经济上遇到了困难，靠什么来解决危机呢？用消费来拉动经济已经成为人们的共识，甚至有些人还提出了“发动一场爱国消费、扩内需、救中国的运动”。而事实上，这种披着“爱国主义”外衣进行鼓噪的做法，并不一定就是真正的爱国，反而会给其他人带来相当大的迷惑和压力。

消费只是经济发展的目的，经济发展了，人们的消费自然会提高，“用消费拉动经济”的说法则完全颠倒了因果。而那些认为我国的生产超过消费需求，生产过剩的危机导致经济危机的说法也是谬论，因为所谓的“生产过剩”，其实是生产错误。

举个例子，张三是铁匠，爱吃梨；李四是裁缝，爱吃桃；王五是果农，却没有种梨和桃，而是种了葡萄和李子。那么王五就表现为“生产过剩”，但根源却是生产错误。问题还不仅如此。由于王五没钱去买铁器、衣服，铁匠张三、裁缝李四也表现为“生产过剩”。

面对这种所谓的“生产过剩”，正确的做法是，张三、李四继续储蓄，等待王五调整生产，然后再进行消费；张三、李四还可以把储蓄借给王五，以帮助他调整，他们自己还能收到利息，等王五调整过来了，三人的生产都会变得更加高效。

但凯恩斯派却以为“生产过剩”是他们三个人不肯消费造成的，于是他们就会大量印钞票。如果张三、李四不赶紧买葡萄和李子，钞票就会贬值，这也就刺激张三、李四去购买自己不爱吃的水果。但如此一来，虽然王五表面上看不再“生产过剩”，却也导致他一直种着错误的水果，“过剩”其实并没有被消除，而是隐藏在张三、李四吃并不爱吃的水果中（这是一种低效率的状态）。大量印钞票也不可能长久持续下去，当钞票停止印刷时，过剩会继续出现，并且更严重，为什么呢？因为张三、李四的储蓄被消耗掉了，没有储蓄借给王五来帮助王五调整生产了。

张三的储蓄可以帮助王五，同理，王五的储蓄也可以帮助张三。王五借钱给张三购进更先进的机器，生产铁器的成本就会变低，张三的利润是不是就会变高？王五得到利息，消费能力也更强。

越储蓄，人们的消费越多，改革开放以来，储蓄在增长，消费也在增长，就是因为储蓄帮助人们以更低的成本进行交换、消费。

通过以上的讲解，我们知道储蓄的作用是巨大的，但是凯恩斯主义对储蓄的敌视态度却影响了太多人，甚至包括一些市场经济意识很强的著名媒体人，很多人以为，如果人们提高消费比例，就能帮助企业赚钱，刺激经济发展。

2015 年 3 月底，在中山大学举办的第四届岭南论坛上，财新传媒总编辑胡舒立就在演讲中说，“消费是经济增长的引擎”，“和消费相对的是中国的储蓄率，在 2007 年就达到 50%，在亚洲国家中也是偏高的”，“不能一提消费就想房子和车子，消费是一串葡萄，应该从上面提。这个看法可能有争议，鼓励高消费群体，释放他们的潜力”。

胡舒立接受了以“提振消费”来促进经济发展的谬论，希望富人消费救国，最终的结局只会走向她愿望的反面。因为根据《胡润百富》杂志与中国民生银行联合发布的《2014—2015 中国超高净值人群需求调研报告》显示，中国超高净值人群约 1.7 万人，这些富豪多隐身在二、三线城市。并且，他们还在不断努力让个人财富保值增值，让个人或者家族的企业发展壮大。

图 2.3　越储蓄，人们的消费越多，改革开放以来，储蓄在增长，消费也在增长，就是因为储蓄帮助人们以更低的成本进行交换、消费。

富豪们不断努力让个人财富保值增值是大好事，因为在中国还有个特殊情况，那就是老龄化趋势。无论是富人还是穷人，增加储蓄都有利于提高生产效率，帮助缓解未来的养老困难，而在老龄化的中国“提振消费”，那也许是在提高未来的老人自杀率。

当然，胡舒立主张解除富人的消费束缚，是对的。但解除消费束缚和提高富人的消费比例是两回事。因为只有解除富人的消费束缚，企业才能生产对的东西。如果企业不能生产对的东西，就不利于提高储蓄率。胡舒立把解除消费束缚和“提振消费”混为一谈，显然也是受凯恩斯主义误导，误解了经济规律。

PART 03

从生活小事看宏观调控

提起宏观调控，想必大家都听说过，它是由英国经济学家凯恩斯提出的。在这之前，经济学家都赞同放任自流的经济政策，也就是政府不应该干预经济，让市场这个“看不见的手”将资源有效配置到最需要的地方，最终实现经济的繁荣。但随着20世纪30年代世界性经济危机的爆发，凯恩斯的宏观经济学理论逐渐占据上风。他指出，面对经济危机，需要政府发挥宏观调控的作用，用“看得见的手”来挽救经济，并因此论证了国家直接干预经济的必要性，凯恩斯也被后人称为“宏观经济学之父”。但是他的理论真的没有缺陷吗？本章就从生活中的小事入手，带你了解一下宏观调控是否真的能包打天下！

如果打破了窗户怎么办？经济学家会高兴吗？

我们小时候大多有玩耍时打破别人家窗户的经历，那时，大家肯定是一哄而散。回家见到父母，也难免惴惴不安，生怕被发现后会被“拎”到别人家谢罪。

不过，如果我们那时候能认识某些经济学者，结果可能就会完全不同。也许我们会飞奔过去报告喜讯，因为这些学者会表扬我们说：“熊孩子们，你们刚才做了件刺激经济增长的事情！你们是有功之臣。”窗户被打破的那家主人听到这番话，一定会陷入深深的困惑之中：“这儿明明有个人的利益受到了损害，怎么经济反倒因此而得到发展呢？难道我的个人利益和经济发展是对立的？”

经济学家会告诉这家主人：“你会修补破损的窗户吧？这样一来，修窗工人就获得了收入；玻璃制造商也获得了收入；修窗工人又会拿收入去买面包，面包师傅又获得了收入；一个体面的面包师傅要穿制服，这样服装商又获得了收入……算算看，因为打破一块玻璃，多少人会从中受益啊？这不是经济增长又是什么？”

不幸的主人只好抱头蹲地：“可能是我的头脑太简单，没法理解这么深奥的道理吧。”当然，合理的怀疑也就产生了：既然打破玻璃的好处有这么多，这些专事研究经济增长的学者，为什么不天天打破他们自己家的窗户呢？

早在19世纪，法国著名经济学家弗雷德里克·巴斯夏就解答了主人的疑惑，他指出，打破窗户，会产生两种后果：看得见的后果和看不见的后果。只有把看得见的后果和看不见的后果放到一起看，才能判断破窗对经济究竟是伤害还是助益。

假定主人花20元钱来修补窗户，的确，修窗工人、玻璃制造商、面包工人、服装商等，都能从这个消费行为中获益，这是看得见的结果，也是“破窗理论”的支持者已经指出来的部分。但是，还有一部分结果是“破窗理论”的支持者没有看到的：如果主人不需要花这20元来修补窗户，他可以拿这20元去买一本书，如此一来，书店老板就可以用赚的利润去买其他物品；他也可以拿这20元为朋友聚会多添一道菜，让餐馆老板、菜农等从中受益。不管怎样，这20元花于其他方面，都会带来和修补破窗一样的效果：有一系列的人从中受益。也就是说，在修窗工人、玻璃制造商、面包工人、服装商受益的同时，书店老板、餐馆老板、菜农失去了增加收入的机会。

如果后果仅仅如此，“破窗理论”的错误还不明显。另外一个看不见的后果是，主人本来可以买一本书，或者添一道菜，但是，由于要修补窗户，这些可能的享用都没有了。而修补窗户，不过是恢复他本来就有的享用，什么都没有多出来。怎么花这笔钱，产生的效果都是一样的，但主人却损失了享用，这就是经济的净损失。

所以也就不难理解宣扬“破窗理论”的经济学者为什么不每天打破自己的窗户来为经济做贡献了；如果他们这么做，他们会发现自己的享用一项接一项地减少了。

“破窗理论”应该被叫作“破窗谬误”。遗憾的是，尽管巴斯夏对这个谬误的批判非常有力，但后世很多学者不但没有走出误区，反而不断地用数学公式为这个谬误添砖加瓦，写出很多文章，使它越来越具迷惑性。我国的一些经济专家同样不甘落后，最典型的就是，在1998年洪灾、2008年汶川地震等灾难发生后，都有人说出“灾区重建的新增需求拉动经济增长”这类的话。

灾区遭受损失，生产效率下降，也就是说灾区的供给能力普遍下降。与此相对应的，是需求大幅下降，因为灾区人民虽然有需要，但没有购买力。灾后重建是通过财政、捐助等方式，把其他地方的购买力挪到灾区，使灾区人民的需要变成需求。与此相对应，其他地方被挪走一部分购买力，也就减少了相应的需求。

也就是说，救助式的灾后重建只是把甲地、乙地的需求挪到丙地，根本就没有新增什么需求。而且，由于甲、乙两地原来的需求减少，全国总需求是减少的。所以，“灾区重建的新增需求拉动经济增长”是一句很荒

图3.1　救助式的灾后重建只是把甲地、乙地的需求挪到丙地，根本就没有新增什么需求。

唐的话。

破窗并不能促进经济发展，如果人们都把增加财富的砝码押在这个“破窗”上，必然会产生非常严重的后果。我们必须走出“破窗谬论”的误区，否则很多问题是无法解决的。

经济低迷？教你该如何消费

自从党的十八大召开以来，政府开展了“大小齐抓，不留死角”的反腐运动，一批“老虎”“苍蝇”相继落马，反腐在让普通百姓亲身感受到反腐实惠的同时，也触动了一部分人的切身利益，这就导致“反腐影响经济”的谬论不时出现。比如：有人认为大刹公款吃喝之风，使得一部分高档饭店、酒店的经营难以为继；有人认为房地产市场的低迷也是受到反腐的影响……这与凯恩斯派的观点有着异曲同工之处，凯恩斯派认为，在经济低迷期，政府大力消费就能填补人们开支的减少，增加社会总需求，刺激经济繁荣，使经济走出低迷期。

然而事实真是这样的吗？我们再来看一个例子。

A 公子某日一时兴起，请一帮朋友花天酒地，事后他有点儿后悔：也许不该这么浪费！但是想想凯恩斯理论，他又高兴起来：我多为社会创造了需求，刺激了经济的发展，对社会还是有益的。

但接下来，如果他后悔今日的消费或是由于此次消费而致囊中羞涩，就有可能减少社会总需求，这也就意味着 A 公子把日后的钱用于今日的大吃大喝并没有创造新的需求，而只是把此种需求挪为彼种需求。我们知道，A 公子对社会总需求的影响，取决于他的收入，也许他还可以借钱消费，但借钱给他的人就得减少消费，A 公子仍然没有创造新的需求——社会总需求水平，取决于社会总收入水平和储蓄率。

同样，政府加大开支的做法很可能和 A 公子的做法一样，实际上并没有增加社会总需求。不同之处仅仅在于，政府是通过增税或者通货膨胀来实现的。

至于在经济低迷期人们不愿意消费，这是另一个错觉。人们看到的是，很多产品很难卖出去，就以为这是由人们不愿消费导致的。但是，你可以问自己几个关键的问题：无论如何，你总得为维持基本生活而购物吧？在你购物的时候，你花的每一块钱，你总是希望能买到更多你需要的商品吧？你不可能会因为经济低迷，而希望你用同样的钱买到的商品却比之前少吧？

对，你的消费习惯并没有变化，你仍然希望少花钱多买商品。实际上，在经济低迷期，人们收入降低，会比平时更迫切地希望自己的钱能买到更多的商品。那为什么会出现某些商品无人愿意消费的情况呢？问题在于，人们最需要的商品恰好紧缺，人们不得不把收入的大部分花在这些商品上，于是，那些不太急需的商品，就很难卖出去了。它们很难卖出去，不是因为人们不愿意消费它们，而是因为人们不得不把钱花在其他商品上。

在经济低迷期，市场其实正在紧张地重新调整资源配置，企业家重新预测人们的需求，人们尽力为未来储蓄以恢复元气。等到这个时期过去，经济又会重新迎来繁荣。

这种时候，政府大力开支，不但没有创造新的需求，反倒打乱了市场调整的过程。比如，政府认为大修铁路、公路可以刺激需求，但其实，政府这么做恰恰是让资源流入人们并不急需的行业中，导致人们急需的东西更加短缺，这不是刺激消费，而是刺激浪费。政府的过度花费则打乱了人们为未来储蓄的自然进程，延长了低迷期，这一点从罗斯福新政的某些弊端中就可以看出来。

为了缓解大萧条带来的经济危机与社会矛盾，罗斯福担任美国总统后实行了一系列经济政策，增加政府对经济直接或间接干预。人们普遍认为罗斯福新政从 1929 年的大萧条中挽救了美国经济，而事实正相反，在罗斯福政府的大力干预下，美国的经济低迷期长达 10 年。而此前，每一次经济低迷，一般是一两年时间就过去了。

那为什么还有那么多人对凯恩斯理论非常拥护呢？这是因为凯恩斯经济学总能让人们高兴，会让你觉得你的每次消费都为社会总需求做出了贡献，而且人们总是希望有快速走出经济低迷期的魔术，这也就导致他们会吃更久的苦头。

图 3.2　政府的过度花费则打乱了人们为未来储蓄的自然进程，延长了低迷期，这一点从罗斯福新政的某些弊端中就可以看出来。

谁拖垮了老百姓的养老钱？

2016 年 4 月 14 日，因为无法偿还高利贷，22 岁的于欢在母亲苏银霞被 11 名催债人围攻侮辱时，持刀刺伤 4 人，其中 1 人因失血性休克死亡。2017 年 2 月 17 日，“于欢案”一审宣判，被告人于欢因犯故意伤害罪被判处无期徒刑。判决一出，舆论哗然，也再次将民间借贷推上风口浪尖。

虽然被称为灰色的罪恶地带，但因为有其生存的土壤，民间借贷从古至今都未绝迹，不断有人飞蛾扑火般地促进这种民间资本的流动。2013 年 11 月，湖南湘潭民营企业家王检忠跳楼身亡，其公司涉民间借贷 2.3 亿余元；2014 年 9 月，邵东金谷子大酒店老板黄某某等非法吸收公众存款，涉案金额 1.8 亿元，引发债权人拉横幅索债；2014 年 10 月，娄底清洁工文朝霞因讨不回血汗钱投河自尽，生前她把全部积蓄投入九龙集团和宇森汽车销售公司……各种因为民间借贷而导致的悲剧不断上演。

很多人责怪借钱的人不够谨慎。这种责怪其实并不公平，因为据统计，涉及民间借贷的大多数是老年人。老人一般是偏保守的，对于养老钱绝不会不谨慎，但他们为何还是愿意把养老钱借出去？因为一条名叫“通货膨胀”的鞭子，时刻挥舞在他们的头上。在货币泡沫中，投资回报还需要扣减通胀贴水，如果得不到高收益，那就意味着赔钱，银行存款利息赶不上物价变化，民间金融又不发达，金融渠道受限，老人们把养老钱借给愿出高利率但有风险的企业，也是不得已的冒险。

老板拖垮了老人的养老钱，谁又拖垮了老板？是泡沫的涨跌。泡沫起时，你不冒险都不好意思称老板；泡沫破时，你不跳楼也不好意思称老板。

曾有学者说：“每次泡沫来时，总是存在两种人：一种是不停地指出泡沫会很快破灭；另一种是欣然在泡沫中游泳。前一种人越来越聪明，后一种人越来越有钱。我以前做过第一种人，这几年幡然醒悟，做后一种。”

可想而知的是，这样的学者不在少数。问题是，学者也无法知道泡沫何时破灭，他们其实也面临着很高的风险。但是，他们有办法逃避风险。他们的办法就是，一旦泡沫开始破灭，他们就鼓吹 M2 扩张“抗通缩”，这样泡沫就会维持下去。当然，总有维持不下去的一天。但在那一天到来之前，不跟着泡沫走的人会吃亏。

比如面对 2015 年上半年股市的暴涨，人们都在思考一个问题：要不要进股市？就算知道股市有风险，很多人也不得不进入。因为不进入的话，风险可能更大——钱可能会在“抗通缩”中变得更不值钱。所以，很多人高唱“借钱进股市”也就不足为怪了。

面对民间借贷危机，一些专家提议对民间金融严加限制。这是错误的

图 3.3　老板拖垮了老人的养老钱，谁又拖垮了老板？是泡沫的涨跌。

办法。实际上，正是因为对民间金融的限制，使得有实力、重信誉的民间金融机构缺乏。在泡沫面前，老百姓更容易病急乱投医，投向那些有问题的企业。发展民间金融，有利于舒缓老百姓的焦虑，增加老百姓的投资渠道，降低金融风险。另外，要让老百姓对货币购买力有信心，这样他们才不会乱投高利贷。

如果 10 年不发钞，中国经济能否“再创辉煌”？

2016 年 3 月，著名经济学家张五常的一篇名为“张五常长文谏言中国经济：做到这 11 条中兴可期”的文章刷爆网络。文章写得非常好，感兴趣的读者可以自行搜索。如果真按照张教授的建议去做，中国经济重回高速增长没问题。不过，对其中的第七条——“人民币下锚重要”，我有着不同的观点。

张教授说“以货币政策调控经济要放弃”“利率与汇率皆自由浮动”，我都赞同。但是“人民币要以一篮子物品或商品的物价指数为锚”这一观点不仅无法操作，而且逻辑也是错的。如果让我来表述的话，我会直接说，干脆 10 年不要增发任何钞票，中国经济一定会再创辉煌。

过去的几年，“抗通缩”这个词是主流经济学界非常流行的名词之一，过去经济学家把物价下跌叫通货紧缩，现在他们把物价上涨但涨得不快也叫通货紧缩了。

很多人认为通缩对经济是有害的。他们的理由是：如果物价不断下跌，那么，我只要保有现金，我的财富就是不断增长的，那我为什么还要冒风险去投资呢？所以，通货紧缩是抑制投资的，只有保持物价不下跌或者有一定的上涨，才能激励投资。

听起来很有道理，对不对？但是这么有道理的话，却经不起“普乘悖论”的诘问。“普乘悖论”是我发明的词，这个词表达的道理很简单。

假定物价普遍下跌真的是有害的，假定物价普遍下跌 50%，为了维持物价不跌，在每张钞票、每份债权上都乘以 2，物价就恢复到原状，且对每个人都是公平的。但问题是，在每张钞票、每份债权上都乘以 2，等于什么都没改变，只是钞票数字大了一点儿而已，这就是“普乘悖论”，它揭示的是“抗通缩”的荒谬性：做了等于没做。

为什么会出现“普乘悖论”？这是因为，改变钞票上的数字并没有增加新的信用，只是改变了原来信用的数值表达，所以它当然等于什么都没做。

在每张钞票、每笔债权上乘以一个数，商品售价变了，它的成本也同比例地变了；企业利润变了，利润的购买力也同比例地变了。那些主张以扩大印钞来刺激商品销路的人有一个严重的错觉，就是以为抗通缩只会让售价上升、不会让成本上升，所以，他们以为扩大印钞能刺激投资。

反过来看，物价下跌不仅是售价下跌，成本也在下跌，利润空间完全足以吸引人们继续投资，而不是窖藏货币。所以，担心物价下跌抑制投资，是完全没必要的。

当然，现实中不是直接在每张钞票上改数字，而是增发一批钞票。但是它的道理还是一样的，因为新增钞票是从银行顺次流向市场，有人先得到、有人后得到，后得到钞票的人和债权人的购买力被挪给别人了，这个过程是一个资源配置扭曲的过程。当然，在新增钞票完全流通开之后，也等效于在原来每张钞票上乘以一个数字，所以现实中的抗通缩等效于“在每张钞票上乘以一个数 + 扭曲资源配置”。

如前所述，“在每张钞票上乘以一个数”等于什么都没做，所以“在每张钞票上乘以一个数 + 扭曲资源配置”只剩下一个效果，就是“扭曲资源配置”，那么，它可以解决实体经济融资难吗？不会的，它只会加剧融资难！

所以，民营企业家感觉钱越来越紧，这种感觉是符合事实的。而由于人们之间信用关系的扭曲，信用交往就更困难了，这也会加剧钱的紧张。当然了，那些先得到增发钞票的企业和个人，如国企，它们的确是宽松了。另外，原来有库存的企业账面利润增加，但这也是以剥夺其他人的购买力为代价的。

同样的道理，张五常教授主张的“人民币以一篮子物品或商品的物价指数为锚”，也是一种“普乘悖论”。这本是个很简单的问题，但是人们却长久地陷在“普乘悖论”里，这当然不是因为人类的智力问题，而是因为人类的偏见。这个偏见持续的时间有多长呢？起码在 200 多年前就存在了。

200 多年前，供给学派[①]的鼻祖萨伊[②]在他的《政治经济学原理》中就已经说到，企业家经常抱怨物价下跌，要求政府多发货币来维持物价。萨伊对这种观点进行了精彩的批评。200 多年过去了，以宽松货币抗通缩的观点依然流行，而萨伊的批评却罕有人知。

那么，世界上有没有通货紧缩这回事？有！但通货紧缩不是物价下跌，更不是物价涨得不快，而是信用手段减少。

要不要抗通缩？当然要抗通缩！但要抗的是真实的通缩——信用手段减少，而不是抗物价下跌或涨得不快。眼下最应该抗的通缩，就是主流经济学界主张的“抗通缩”所造成的通缩。过于宽松的货币使得民间信用大

① 供给学派：亦称“供给经济学”“供给方面经济学”，着重从供给方面考察经济现状和寻求对策的一种经济理论。

② 萨伊：让·巴蒂斯特·萨伊（1767—1832 年），法国经济学家。主要成就有重新阐释斯密学说、推动经济学实证化、提出萨伊定律。代表作品《政治经济学论》。

幅减少，这才是真正的通货紧缩。而由于民间信用预期不稳定，反倒使泛亚、e 租宝这样的许诺高回报的金融骗局更容易得逞。

图 3.4　改变钞票上的数字并没有增加新的信用，只是改变了原来信用的数值表达，所以它当然等于什么都没做。

假如中国可以做到 10 年不发钞，就会倒逼政府解放民间信用、放松各种经济管制来解决问题，这是解决真实的问题，当然会迎来高增长。宽松货币是先甜后苦，10 年不发钞票是先苦后甜。到时候，也许人们看到甜头，就能永远走出“普乘悖论”了。

物价下降会阻碍投资吗？

CPI 是消费者价格指数的简称，主要是反映居民家庭一般所购买的消费价格水平变动情况的宏观经济指标。主流经济学界非常重视这一指标，因为他们认为消费者价格指数是最能充分、全面反映通货膨胀率的价格指数。

然而，事实真是这样吗？诺贝尔经济学奖获得者弗里德曼早就说过，某种商品的价格上涨不能推动通货膨胀。道理很简单，人们的收入未变，在甲商品上花钱多，在乙商品上就花钱少；甲涨价，乙就降价。其实，通货膨胀只是虚假信用增加，物价普遍上涨并不是通货膨胀。比如，地震灾区物价高涨，但没人会说那是通货膨胀。

当某个月份的 CPI 涨幅创出新低，甚至逼近零增长时，这就意味着老百姓难得地有了一个喘息的机会。但是，一些专家就会跳出来指出，当前通货紧缩成头号风险，“通缩导致实际利率上升、负债率恶化，将加剧经济下行，从长期看货币政策放松的空间比较大”。这些专家的意思就是说，赶紧 M2 扩张吧，把物价抬上去。

然而老百姓这些年靠工资追物价追得何其辛苦！尽管一些专家号称，刺激经济，物价上涨工资也会上涨，但老百姓这几年发现，工资上涨的速度总也追不上物价的涨速。至于万恶的房价，已经不被很多人看成追赶对象了，因为越追越伤心。

经济学有很多流派。宏观经济学者视物价下跌为经济的大敌，他们的这一误解还得到了一些不明真相者的认可。

什么是经济发展？经济发展意味着效率提高、资本充裕程度提高；同样的享受，成本降低。可以说，价格下降本是经济发展的体现。改革开放以后，有很多商品的价格已经降到超出人们的想象。比如 20 世纪 90 年代，一部砖头般的“大哥大”价格数万元，现在几百元就可以买到功能比“大哥大”多得多的智能手机，这是 20 世纪 90 年代的人想象不到的。

你能想到手机降价是对经济的伤害吗？肯定不能，但是宏观经济学者们想得到，他们把物价下跌称为“通货紧缩”。在他们看来，如果通货紧缩，货币留到明天可以比今天买到更多的东西，那么，人们就会把货币储蓄起来而不消费，投资者也没必要投资，拿着货币坐等升值就可以，这些会阻碍经济发展。

但是，手机价格如此狂降，投资手机的企业是多了还是少了？人们还不是照样排队抢购 iPhone?

所以，物价下降阻碍投资论的说法根本就不成立。手机为什么会狂降？那是因为生产效率提高，成本下降，吸引了更多厂商加入竞争，使得价格下降。也就是说，物价下降，成本也下降，市场扩大，投资更有钱赚。而从消费者的角度看，价格下降，可以满足此前较为迫切、排序靠前却享受不起的欲望，当然也不会等待。因此，物价下降既不会阻碍消费也不会阻碍投资，反而是扩大消费和投资。

同样，经济周期的调整期，道理也差不多。物价下降有利于资源重新调整，调整过后就是更多的投资和消费。如果看到物价下降就以为是 M2 扩张的好时机，那其实是在抬高资源调整的成本，因为资源调整越来越

图 3.5　物价下降既不会阻碍消费也不会阻碍投资，反而是扩大消费和投资。

难，老百姓工资追上物价也就越来越难。

有个段子说，让猫舔尾巴的办法是在猫尾巴上涂辣椒，猫总也舔不到，但必须去舔。M2 扩张就是猫舔尾巴，累死也没用。民众自己如果明白这个道理，就能识破宏观经济学者们的谬论。

多印钱就能让全民发财？

我有一个在偏远山区生活的读者，他的家乡很穷，于是他一直有一个疑惑："既然穷是因为人们没有钱，为什么不多印一些钱发给大家呢？这样大家不就都不穷了吗？"

其实我在小时候也有过类似的疑惑，那时候刚改革开放，国家一直鼓励引进外资，那时我就在想：为什么要引进外资呢？难道我们不会自己印钱吗？随着年龄的增长，我逐渐明白，引进外资，不是引进钞票，而是引进资本。人们会拿引入的外汇购买国外的资源，促进本国的发展。我相信那个生活在山区的读者最终也会明白，如果国家印钱发给大家，所有的商品都会涨价，虽然大家更有钱了，但实际上没有变富裕。

很多人认为那种以为多印钱就能解决问题的思维方式很幼稚，然而，这种思维方式在历史上一直很有市场。比如《国语·周语》中就说："古者天灾降戾，于是乎量资币，权轻重，以振救民。""量资币"就是铸币。古人对抗灾害的思路是这样的：既然钱能买到粮食，那么多铸钱，不就能买到更多的粮食拯救百姓吗？看过上几节的分析，我们知道这种思路无助于救灾。因为，无论多铸多少钱，在生产总量上都不能增加一斤粮食。经济规律告诉人们：虽然可以单方面增加货币量，但其结果是使货币购买力下降，而不能使社会财富增加。因此，通过多发货币来解决问题，不但不能真的解决问题，反倒会造成更大的问题。

所谓货币，是人们在交易中自发形成的交易中介。人们先把自己的商品换成货币，再以货币购买自己想要的商品，通过这一迂回，增强了交易的效率。货币的购买力是基于它的商品使用属性，一旦其使用属性对人们的价值下降，货币的购买力就会下降；而人们对货币的总需求，同样决定了货币的购买力。

早期的货币是贝壳、金属等，后来民间出现铸币，这些铸币因其稳定的质量而流传更广。朝廷见有利可图，于是就垄断了铸币，相当于增加了一笔铸币税。随后在交易过程中又出现了纸币，便利的纸币大大促进了交易，同样政府又垄断了纸币。

纸币购买力的基础是：法律规定纸币可以清偿债务；国家允许以纸币完成纳税义务；可以用纸币购买国家的部分服务，这三者就是纸币的主要使用属性，是纸币购买力的基础。宋朝时，朝廷发行纸币，但却不允许用纸币完税或购买政府执照（度牒、酿酒执照等），结果导致纸币失去了购买力。由此可见，无论是民间的等价物还是国家货币，都要与发行方的服务能力挂钩。比如，腾讯的Q币，受限于腾讯的服务能力，如果腾讯发行的Q币数量，超出了其服务能力，Q币就会贬值，因此腾讯不敢滥发Q币，因为滥发的结果是声誉受损、收入下降。

国家纸币也是如此，只不过多了一项收税的权力，而行政服务能力、收税究竟有多强，没有人能够准确核算，因此，也就没有人知道纸币的合理数量。

而且，腾讯是按量出售服务，国家是按比例收税。纸币超发使物价上涨，人们为了完税，需要缴纳更多的纸币给国家，从国家的角度看，不会吃亏，因为这反正是按比例抽取社会财富。因此，国家在这一方面没有硬约束。

图 3.6　通过多发货币来解决问题，不但不能真的解决问题，反倒会造成更大的问题。

如果人们是按量缴纳定额税，而不是缴纳比例税，那么，国家滥发纸币的冲动将受到巨大的抑制。因为，滥发纸币将导致纸币购买力下降，而国家只能收取定额税，这就意味着，国家的财力会急剧下降。在这样的约束下，国家自然不敢滥发纸币。

总之，纸币本身只代表着一种服务。服务能力没变，多发纸币有害无益。对国家发行的纸币来说，购买力并不完全来自购买行政服务，更主要的是可以凭此履行对国家的义务——纳税。国家的确可以单兵突进，多印纸币，但如果把纸币当成财富本身，那就是大错特错了。

蒜价暴涨，囤蒜大户其实降低了通胀

2016 年 4 月发生的一则新闻曾引爆网络，新闻标题叫“河南囤蒜大户遇‘傻子年’一夜暴富：囤四百吨蒜，每吨赚四千”，有网友在新闻下面评论说：“对炒蒜的这一小撮奸商，国家应没收他们的非法所得，罚得他们倾家荡产，让他们终生敬畏投机。”

网友的愤怒我可以理解，因为自从“蒜你狠”在2010年成为网络热词后，近几年“蒜你狠”总是悄然而至。2017年6月随着新蒜上市，大蒜每斤售价仅在5元左右，看似便宜，但是在4月底，大蒜的售价还维持在10到15元一斤，“蒜你狠”仍然没有失约。

但从经济学的角度来看，网友也没有必要这么愤怒。囤蒜大户去年把蒜囤起来，给市场少供应一点儿，等到今年再供应，这其实是把去年的供应挪到今年，对平抑今年的蒜价其实是有利的。假如国家真像那位愤怒的网友提议的那样，把所有囤积的大蒜都收缴了，会出现什么情况？以后就不会再有人囤蒜，而明年，大蒜就会供不应求，人们只能吃比今年还要贵得多的蒜。

而且就算国家真的把所有囤积的蒜都收缴了，然后免费分给老百姓，蒜价就会降下来吗？老百姓只会把蒜拿到市场上卖给其他人、饭店，蒜价一分都不会降！因为价格是由市场供求关系决定的。

当钞票发多了，在供求上，就对名义价格施加了一个上涨的影响，不仅大蒜在涨，辣椒、猪肉、房租都在涨，难道这些都是炒家造成的？其实只有一个因素可以制造这么多的物价上涨，那就是宽松货币。

如果商户靠囤积就可以赚钱，那么囤蒜大户为什么不每年都靠囤积大发横财？不是他们不想，而是他们做不到。有网友就在那条评论下面回复说：“不是你想囤什么，什么东西价位就会高，说明人家有头脑有实力；而且人家囤积大蒜，你要是真嫌贵不买不就可以了。又不是主食，再不行不会自己种？随便哪个阳台都可以种。大蒜长得很快的！”

囤蒜有风险，你只看到了人家赚钱的时候，没看见人家赔钱的时候，今年的大蒜到6月份价格跌幅超过50%，囤蒜的人又找谁哭诉去？这个就像煤老板，前几年煤价高，全国声讨；这几年煤价低，很多老板破产，谁去同情他们？

囤蒜并不是高技术含量的活，谁都可以干。问题是，你囤蒜，未来遇上的是涨是跌，并不知道。M2 扩张下，有些东西是有大概率涨价的，比如煤、有色金属，但谁也不知道什么时候涨、涨多少；有些东西的涨价规律就更难以琢磨，比如辣椒、大蒜……有的时候“蒜你狠”来了，辣椒并未大涨；有的时候则是辣椒伴大蒜疯涨；有的时候辣椒涨了，大蒜变成了“蒜你完”，谁能搞清楚规律何在？

总之，在 M2 扩张下，有人暴富，有人更穷，这都取决于运气，而不是取决于效率。有人运气好，有人运气差，运气差的人心有不平，这可以理解。但是，人们要明白到底是什么因素造成了运气差异，而不是去责怪那些运气比你好的人。

图 3.7　囤蒜并不是高技术含量的活，谁都可以干。问题是，你囤蒜，未来遇上的是涨是跌，并不知道。

PART 04

福利的诱惑与陷阱

在网上，我们经常会看到诸如《全球10个高福利国家，中国落后多少？》之类的文章，里边列举的国家大多是欧美国家，其福利制度涵盖了教育、医疗、失业、工伤和养老等领域，实行的“从摇篮到坟墓”的社会保障制度也让很多国人羡慕不已。但是另一方面，在人口老龄化和经济衰退的影响下，习惯了优厚福利的欧美人却不愿放弃高福利，由此产生伦敦的暴力示威、法国和雅典的罢工、巴塞罗那的抗议……于是借贷就成了欧美各国政府维系高福利的最后一根救命稻草。当借贷雪球越滚越大，赤字难堪重负时，美债危机、欧债危机、希腊的破产危机随之而来。那么，令欧美各国倍感尴尬的高福利，到底是一朵恶之花，还是美味的馅饼呢？

老百姓不要被吓得跌进“中等收入陷阱”

2016年6月12日，《人民日报》刊登了几位经济学界重量级智囊人士的文章，这些文章分析了中国已不可能落入拉美式的“中等收入陷阱”，并表示只要经济能够实现由数量追赶向质量追赶的平稳转型，中国就能够成功跨越中等收入阶段，进入高等收入社会。

近几年，“中等收入陷阱”这个词在经济学界很流行，所谓的“中等收入陷阱”是指，当一个国家的人均收入达到中等水平后，由于不能顺利实现经济发展方式的转变，导致经济增长动力不足，最终出现经济停滞的一种状态。

其实，“中等收入陷阱”这个定义是有问题的，因为这只是一种现象，而并非规律。“中等收入陷阱”不是收入陷阱，不是说达到某个程度的收入就必然陷入陷阱，也不是所有国家都会出现所谓“中等收入陷阱”。同时，世界上还有很多国家、地区处于低等收入状态，但没有人说他们存在“低等收入陷阱”。

低等收入国家为什么收入低？那是因为不尊重产权、没有市场经济。中国从低等收入国家起步，借助市场化改革大幅改善了人们的生活水平。在改革的初期，人们眼见经济发展越来越快，尽管对收入差距的变化也颇有微词，比如国企员工就很不满摆摊的比他们的收入高，但很少有人否定改革的方向，正是这种相对比较坚定的市场化社会观念，保证了中国经济的长期高增长。

但是，在中国经历了数十年的高速发展后，经济学界突然兴起了“中等收入陷阱”论。许多人说，虽然中国发展很快，但这种发展是不对的，是会陷入“中等收入陷阱”的。那么应该怎么做才不会陷入“中等收入陷阱”呢？他们的药方是：政府多干预。于是，劳动合同法、反垄断法、收入合理分配制度等应运而生。

同时，外国学者也来忽悠中国人。一些欧洲智库的学者经常会在一些国际经济论坛上忽悠中国人多调控，这些忽悠的话语有一个好听的称呼：转变经济发展方式。

在中国没有进入“中等收入陷阱”前，学者们就吓唬民众说：到了中等收入程度经济就会跌入陷阱啊！

很多人是欢迎这种“吓唬”的。以前大家都穷，最迫切的问题是解决温饱问题，想分蛋糕也没得分。现在有资本折腾了，很多人就想折腾了，学者们危言耸听的话正好迎合了这种心态。

其实，“中等收入陷阱”恰好就是这样吓出来的。为什么之前那些国家陷入“中等收入陷阱”？不是因为它们没有转向，恰恰是因为它们转向了。为什么美国、英国没有陷入“中等收入陷阱”？那是因为没有人在它们达到中等收入时吓唬它们，使它们转向。

经济发展陷阱都是观念的陷阱。观念错误，每一种发展程度都有陷阱。穷国反市场，于是一直在低等收入陷阱里；新兴经济体从市场化改革转向，于是陷入“中等收入陷阱”；欧美日市场因素减少，于是陷入“高等收入陷阱”。

所以，老百姓不要被“中等收入陷阱”理论吓住。有市场，无陷阱；无市场，必陷阱。

图 4.1　经济发展陷阱都是观念的陷阱。观念错误，每一种发展程度都有陷阱。穷国反市场，于是一直在低等收入陷阱里；新兴经济体从市场化改革转向，于是陷入“中等收入陷阱”；欧美日市场因素减少，于是陷入“高等收入陷阱”。

福利是个“烧钱罐”

人工智能一直是近几年人们关注的热点，据媒体报道，牛津大学和耶鲁大学研究人员发布的一份研究报告指出，2027 年人工智能将取代所有的卡车司机，2053 年人工智能将取代人类来执行最精细的外科手术，预计 2051 年人工智能将自动化所有的人类任务，2136 年人工智能将取代人类的所有职业。因此，人工智能的发展也导致越来越多的人开始担忧一个问题：我会不会被人工智能所替代？

每当有人问我这个问题时，我都会开玩笑说：“不要担心。我们不是还有国家吗？让国家向人工智能征税，来给我们搞福利。”玩笑归玩笑，其实深谙经济学道理的人都会明白，福利政策其实是狂妄的“理性”为大众设下的一个陷阱，这种“理性”也是一种虚假的理性。人工智能不会搞福利政策，不是因为人工智能没有同情心，而是因为，福利政策在某种意义上，是一种“障眼法”式的自我满足，是一种生存资源的浪费。

很多人以为，所谓福利，就是国家来养老百姓。尽管其中一部分人明知，福利不是官员们把干活赚来的钱发给他们，而是把收来的税发给他们。但是，他们仍然认为自己是占便宜的，因为他们觉得官员们收富人的税更多，但真相是这样的吗？

伦敦财政研究所 2015 年公布的一项研究成果指出，“在整个成年阶段，只有 7% 的人得到的福利比他们缴纳的税赋多，尽管任何一年中都有 36% 的人获得的福利比缴纳的税赋多”。

“任何一年中都有 36% 的人获得的福利比缴纳的税赋多”是什么意思呢？就是任何一年都有 36% 以上的英国人能感觉到自己占便宜了，但终其一生来看，93% 的人是亏的，因为在其他很多年是亏的。而伦敦财政研究所的这项研究也表明，绝大部分人是被官员收走了税，然后再发给他们，并且所得比缴纳的税少。

有的经济学家可能会反驳说，尽管福利是拿你自己的钱发给自己，但国家帮你存钱了，国家福利是居民一生的“存钱罐”。但我要说的是：福利哪里是“存钱罐”，它明明是“烧钱罐”！

老百姓的钱，经过福利官僚体系这个庞大的“罐”，大量浪费，一生中领取到的钱低于自己交的钱，这不是“烧钱罐”是什么？假如不是因为占便宜的错觉在支撑着人们，谁会需要雇用一帮官僚来管理（浪费）自己的存款？

人们的确需要存钱为养老做准备，但人们完全可以自己管理自己的财务，这会更加高效。

人的一生中，在青年时代需要投入大量的金钱来培训、积蓄、开拓人脉，以提高技能或创业。结婚、生子也要花钱。这个时候，养老是不需要考虑的。随着年龄渐增，技能提高，人际信任越来越牢靠，人们的收入越来越高，而继续培训的边际收益下降，这时候，人们将把更多的钱存为养老之用。这样的一种安排是最为高效的。

但是国家福利制度却打破了自然的、符合效率的个人财务进程，加大了扭曲。

在你刚工作时，对自己的收入，你明明需要更多的支配权，福利官僚体系却强制拿走你的钱，放到他们掌管的所谓“存钱罐”里，这大大阻碍了你的效率提升，降低了你未来的收入。93% 的人从青年时代就被阻碍提升效率，这也就意味着，整个社会的产出会受到巨大影响，养老资源更加稀缺。所以，绝大部分人领取的福利，低于他们缴纳的赋税，这是经济规律的必然结果。于是，无数青年的青春，就被“烧杀”在福利这个“烧钱罐”里。

你也许会说，有了社会保障，更有利于鼓励创业、创新，因为如果创业失败，生活上会有国家兜底。但是，你的员工要缴养老金，这不仅阻碍了他们提升效率，还增加了你的支出成本；你的潜在合作企业缺乏投资利润，买不起你的新产品、新技术，这些都让你的创业成功概率更低。

在中国常有人嘲讽对福利国家的批评。他们说，中国目前福利还很少，就别考虑福利的害处了。饭都吃不饱，还担心人家发达国家吃龙虾营养过剩？

其实福利不是龙虾，而是毒药。西方的福利毒药之所以还没毒死人，是因为它们过去发展得好，身强体壮，但它们的毒性发作也越来越明显了。

所以，一定要呼吁减税、减税，不要有“既然收了这么多税，那就搞搞福利吧”的思路，那只会把改良之路变成陷阱。老百姓跟着西方福利国家一起起哄，然而你被燃烧掉的青春却无人赔你。

图 4.2　人们的确需要存钱为养老做准备，但人们完全可以自己管理财务，这会更加高效。

“天水围”的福利保卫战

前几年由于大量内地孕妇涌入中国香港生子，导致香港的医院床位和人手严重不足，逐渐激化了香港人与内地人的矛盾。2012 年 1 月，在新浪微博上疯传的一则题为“香港人，忍够了”的大幅广告，表达了一些香港人反对内地游客及孕妇赴港的立场，更有一些极端的香港人改编了一首名叫《蝗虫歌》的歌曲，暗讽很多内地新移民像蝗虫一样，没有贡献，却得到许多福利。

针对部分香港人担忧内地娃会稀释香港社会福利的恐慌，一位经济学家曾在微博上抨击说，香港的“下层阶级”太短视。“下层阶级”这个词虽然不是很精确，但确实，在很多福利国家，反对外来移民的都是以下层阶级为主的，这是因为，下层阶级往往是纳税较少但享受福利较多的人，他们害怕新移民摊薄了福利，因此对外来移民持反对态度。

遥想几十年前，香港人并不是现在这样，20 世纪 50 年代至 80 年代，不少内地居民，由深圳逃往香港，当时的香港政府打算遣送逃港者回内地，结果遭到香港市民强烈反对，遣送计划只能取消。逃港者经过艰苦奋斗，慢慢融入香港主流社会，部分人更是创造了财富神话，比如金利来集团董事局主席曾宪梓、“期货教父”刘梦熊等，都是当年的逃港者。

与当年没有钱财、文化又低的那些逃港者相比，今天赴港产子的孕妇和游客，无论是支付能力还是文化程度，都要高得多，香港人却对着他们唱起了《蝗虫歌》，这其中最重要的变化就是福利制度。

从任达华和张静初主演的电影《天水围的夜与雾》，可以看到如今香港的福利比起大逃港时期，已经有了巨大提高。中年离异的李森娶了内地妹王晓玲，李森每天钓鱼、喝啤酒、打老婆，依靠特区政府的补贴，生活悠闲自在。当王晓玲要出去工作时，李森非常生气，理由是王晓玲去工作有可能连累他拿不到香港特区政府的生活补贴。

由此可见福利就是一种特权，而不是一种权利。哪里有这种特权，哪里的人就把享受他人创造的财富当成理所当然的事情，哪里就造成福利内的人和福利外的人的对立与隔离。

很多人以为福利是帮助穷人的，是讲道德的好事，但经济规律却让他们得到与愿望相反的结果。没有福利制度，贫穷的逃港者会成为创造财富的大军；有了福利制度，有钱赴港产子的孕妇也成了分薄福利的“蝗虫”。香港人从热心帮助贫穷的逃港者，到变成对内地游客横眉冷对，这中间的道德观发生了巨大的变化。

欧洲的例子更能体现福利对道德的危害。希腊人游行反对政府减少福利以还外债，福利制度培养出一群为赖债而理直气壮游行的国民，而在对待移民的态度上，福利制度更进一步造成了人和人之间的隔离。

福利制度对移民的影响巨大，想少干活多享受福利的人多移民往福利

图 4.3　很多人以为福利是帮助穷人的，是讲道德的好事，但经济规律却让他们得到与愿望相反的结果。

制度完善的国家，而富有创业精神的人则多移往福利制度不完善的国家。福利制度就是向懒汉发出召集令，向勤奋者发出驱逐令，欧洲的“福利病”就是这样的。

就算香港人可以阻止外来移民分薄福利，他们还是无法阻止企业家到更有活力的地方投资。只要无法激起人们的创富热情，那么，福利制度早晚会让享受福利的人面对财富衰减的痛苦现实，所以香港人需要的不是唱《蝗虫歌》，而是检讨福利制度。

日本和希腊陷入了什么死循环？

2015 年夏天，希腊金融体系濒临崩溃，开创欧元区债务违约先例，并差点儿被踢出欧元区，对于希腊人来说，2015 年堪称“灾年”。其实早在 2010 年希腊债务危机开始爆发时，经济学家许小年就曾写过一篇批判凯恩斯主义和希腊金融体系的文章——《希腊危机的根源在于政府管不住自己》。随着 2015 年希腊债务危机加剧，这篇文章再次在朋友圈中被广泛转发，这是好现象。凯恩斯主义害死人，可它偏偏主宰了目前的主流经济学界，这篇文章的传播可以警醒一些人。

我曾有幸采访过许老师，当时我问过一个问题：为什么欧美这种所谓的“民主体制”并没有防止凯恩斯主义错误的发生？许老师的回答记不全了，但大概意思是：民主体制有纠错的机制，但并不必然纠错，是否能纠错，还取决于民众有没有认识到那是个错误。许老师的回答比大多数人对民主的认知要高明许多。

今天来看，其实有时候，就算民众认识到那是个错误，也未必能纠错。希腊民众未必不知道高福利无法维持，但要让他们承受眼下的财政紧缩，他们也不愿意，所以就算有错也不会去纠。唯一能帮他们纠错的是什么呢？那就是各国都不要借钱给希腊。

希腊是悲剧，其实亚洲也有一个悲剧，那就是一些中国人羡慕的日本。日本人口的老龄化非常严重，其中的一个重要原因，就是政府福利制度的死循环。据人口学家易富贤说，日本政府的福利制度，大部分是针对老年人的。这从机制上很好理解：老年人有选票，小孩子没有，老年人自然用选票来迫使政客满足老年人的福利需求。而由于福利制度倾向于老年人，因此进一步压抑了年轻人的生育意愿，导致老龄化更严重，然后有选票的老年人占比更大……

在一个家庭，正常的安排是将更多的资源放在小孩身上。因为小孩需要更多的培训、学习。但是，一旦政府介入资源分配，情况就变了。家庭计划会考虑未来，但变成政府福利制度之后，老年人当然会优先考虑自己。日本的老年人未必就不懂老龄化的危险，但他们很难在选票上做出改变。所以，不管人们怎么羡慕日本的多礼、精致、干净，也很难否认日本就是一个没有希望的国家，除非它某一天能走出老龄化的死循环。

为什么日本坚持了几十年的凯恩斯主义越坚持越糟，但仍然坚持凯恩斯主义？用许小年的一段话就可以解释这个问题："赤字政策说到底，就是挖子孙后代的肉，补我们自己今天的疮。如此代际偷窃，讲出去令人尴尬，凯恩斯主义就成了完美的牌坊。有了它，政府理直气壮；有了它，公众心安理得。子孙或在襁褓，或尚未出世，欺负你没有发言权，抢你的钱没商量。"所以日本政府大量印刷钞票，有利于维持眼下的福利，自然能得到选票支持。

希腊、日本的例子说明了普及市场经济理念的重要性。如果多数人没有对市场经济的认知，不管是什么体制的国家，都会把错误进行到底。即便那个国家曾经很富裕、很文明，也会陷入难解的死循环，这种情况在历史上已经出现过无数次了。在美国电视剧《罗马》中，主人公恺撒、屋大维通过福利获得了罗马人的支持，建立了辉煌一时的独裁体制，但也为罗马的衰落埋下了隐患。

所以，希腊债务危机的根源不在欧元，而是政府管不住自己，有钱就花，没钱借着也要花。最好的解决办法是，不要把市场的问题交给政府。但很多人有“人多即正当”的前现代思维，他们不相信市场经济的规律高于多数人的意愿。所以，福利主义、凯恩斯主义注定要继续流行，但清醒的人不要因为它们流行而被迷惑。

图 4.4　民主体制有纠错的机制，但并不必然纠错，是否能纠错，还取决于民众有没有认识到那是个错误。

瑞士人勇打“无知之幕”的脸

2016 年 6 月 5 日，瑞士全民公投否决了“无条件基本收入”保障计划。该计划的倡议者主张：无须任何理由或资格，凡是瑞士人，成年者每月无条件获得 2500 瑞士法郎的收入，儿童每月获得 625 瑞士法郎，折合人民币分别约 16800 元和 4200 元。

瑞士人民的选择狠狠地打了“无知之幕”的脸。“无知之幕”的说法是政治学家罗尔斯在他的《正义论》中提出的。意思是，假定人们是在一个让人一无所知的幕布下，不知道自己和他人的差异，不知道走出幕布后自己处在什么样的社会角色，人们会达成什么样的游戏规则。

罗尔斯的这个设想是不错的，但后来却成为很多中国学者赞同福利的依据，他们的逻辑是：在“无知之幕”下，因为你不知道你走出幕布后是富人还是穷人，所以你会同意政府用给富人加税的所得资金来发福利，这样万一你是穷人，你就可以享受福利。

由“无知之幕”推出政府福利制度的正当性纯属歪理邪说。很多学者说“无知之幕”是思想实验，现实中没有这样的事，这只能说明这些学者观察世界还不够深入，现实中当然有“无知之幕”，比如彩票。买彩票的人，是否中奖取决于彩票数字，其他的差别并不重要，并且每个人都不知道自己是否会中奖，这是一个典型的“无知之幕”。

假定现在有人说，我们要搞福利，中奖的人要缴纳 80% 的所得税，转移支付给没有中奖的人，请问，这样的彩票你还会买吗？彩票的例子表明，在“无知之幕”下，人们并不会如福利主义者所想的那样，同意建立一套劫富济贫的制度；或者说，当这样的一个游戏摆在面前时，人们不会花钱去参与。

根据官方数据显示，瑞士的此次公投有 26 个州和地区的民众参与，仅有 23.1% 的民众投赞成票，余下 76.9% 的民众均表示反对。这说明，即便处在 50% 以下的社会阶层的人群中，也有大部分人拒绝了天上掉的馅饼；如果是在“无知之幕”下，拒绝的人一定会更多。

不过，并不是所有地区的人都会有瑞士人民的认识。很多地区的人是在“明知之幕”下支持政府福利政策。明知别人比自己有钱，为什么不通过政府税收来把别人的钱转移到自己口袋里呢？税收所谓的“取之于民，用之于民”，其实是“取之于 A，用之于 B”。你也要福利，我也要福利，福利不断加码，就变成了取走你自己的钱，再给你自己用。

这样的一套游戏，就变成没人愿意掏钱参加的游戏，企业投资必然下滑。假设企业为了弥补利息成本、风险和税负，一个项目需要预期回报 10% 以上才愿意投资。现在政府因为要完善福利制度，加收 15% 的税，那么，一个项目预期回报要变成 25% 才会有企业投资。这意味着，大量的潜在投资被扼杀了。

没有投资，人们想多干活都没活可干，本来勤劳的人，根本就没有勤劳的机会，自然而然就“懒”了。即便有人傻乎乎地一心为公，不计亏损地投资，只为给政府福利制度做贡献，但回报弥补不了成本，他也会很快破产，无事可干，变成懒汉。对勤劳者的惩罚比鼓励懒汉的破坏还要大得多。所以，福利国家养懒汉的说法其实不够准确，更准确的说法是：福利国家逼人当懒汉。

这当然不是说社会就不应该管弱势群体。帮助弱势群体的最好办法是让游戏有人愿意掏钱玩 + 市场化的自愿慈善。企业愿意玩游戏，才可以让产品价格大降，让社会慈善资金可以买到更多的产品，这样才能大大改善慈善的效果，降低慈善的成本。反过来，慈善成本的降低可以鼓励更多的企业家去做慈善，普通人也能有更多的能力去做慈善。

图 4.5　对勤劳者的惩罚比鼓励懒汉的破坏还要大得多。所以，福利国家养懒汉的说法其实不够准确，更准确的说法是：福利国家逼人当懒汉。

英国“脱欧”才有前途

根据英国广播公司（BBC）报道，英国负责脱离欧盟事务的国务秘书戴维·戴维斯（David Davis）于2017年6月19日抵达比利时布鲁塞尔，与欧盟首席谈判代表米歇尔·巴尼耶（Michel Barnier）围绕英国“脱欧”事务展开第一场谈判。从2016年6月英国“脱欧”公投意外通过后，时隔一年，这场“分手大戏”终于进入实质性阶段。

当年英国没有加入欧元区，是一个明智的选择。欧元区经济从当初的备受期待变成如今的一塌糊涂，欧债危机至今依然无解。现在英国就“脱欧”事务与欧盟进行了实质性谈判，如果“脱欧”成功，那更是个明智的选择。

一些政客警告退出欧盟的“坏处”。比如，英国通过民主投票宣布脱离欧盟后，立刻辞职的英国前首相戴维·卡梅伦（David Cameron）就警告称，脱离欧盟将给英国带来较低的养老金和较弱的医疗开支。更有人危言耸听地说，英国退出欧盟将对世界经济造成打击。

卡梅伦的“警告”恰好说明英国退出欧盟太有必要了！欧盟现在已经被各种“福利病”纠缠，始于2010年的希腊债务危机已让欧盟不堪其扰，救助希腊的问题在欧盟内部争吵了好几年。在这期间，欧盟对希腊实行了两轮共计2000多亿欧元的救助，如果借退出欧盟的机会削减福利开支，这对英国来说是大好事。至于对英国经济的影响，退出欧盟之后，只要英国能坚持自由贸易，退出欧盟只有好处没有坏处。

欧盟成立的本意是好的，是想消除国家间的贸易障碍，但没想到，最终欧盟却被福利主义、凯恩斯主义所控制。在希腊债务危机刚爆发的时候，国内很多经济学者总结说：希腊债务危机的原因是欧盟统一了货币却没有统一财政，希腊大搞福利，没有财政约束，要解决希腊问题必须统一欧盟财政。这种观点颇为流行，因为表面上看起来是很有道理的。但实际上，这种观点是非常错误的。

希腊大力发展福利制度，出了问题后，经济状况尚好的其他欧盟国家可以救，也可以不救；救的话可以提出条件，至少，他们可以保证自己不被希腊拖死。假定欧盟真的统一了财政，情况会怎么样？根本就不会出现其他欧盟国家救希腊这种事，因为它们也会深陷福利泥潭。

在统一财政下，希腊花钱发展福利制度，其他欧盟国家就不花？反正钱是大家一起花，花得少的就亏了。统一财政能约束希腊吗？不能！它会在各国的福利发展竞赛下，不断放宽约束金线。就在欧盟不断援助希腊的时候，希腊议会竟然还在 2016 年 12 月 15 日通过决议，为了迎接即将到来的圣诞节，将向收入较低的养老金领取人员发放一笔总额 6.17 亿欧元（约合 44.7 亿元人民币）的“过节费”。

福利本来是“大锅饭”，而欧盟是把“大锅饭”越做越大。欧元的一塌糊涂其实也是“福利大锅饭”的后果，如果没有统一的欧元，几个国家鼓吹凯恩斯主义，其他国家还有机会置身事外。但统一的欧元其实就是“欧元大锅饭”，其他国家需要“欧元大锅饭”来救它们，欧洲央行的政客们就会去救。就连对通货膨胀警惕性较高的德国人（德国人历史上吃过通货膨胀的几次大亏），也没有办法幸免，所以假如欧洲财政是统一的，后果可想而知。

英国离开欧盟这个“福利大锅饭”，可以少被其他国家拖累。当然，如果英国退出后仍然坚持大力发展福利制度，其结果仍然不会乐观。窃以为，欧盟应该直接解散，各成员国可以从本国实际情况出发发展福利制度，如此，欧洲或许还有未来。

图 4.6　福利本来是“大锅饭”，而欧盟是把“大锅饭”越做越大。欧元的一塌糊涂其实也是“福利大锅饭”的后果。

要不要选择免费的午餐？

在一些饭局上经常会出现这样的场面，大家在酒桌上推杯换盏，亲密无间，互诉衷肠，而当服务员拿来账单时，有人寻机遁走，有人假装找不到钱包，有人一醉不醒，于是买单成了大家最佳表演时间。因为买单，友情受损的事例并不少见。

于是，现在开始流行 AA 制。比较好的朋友建个微信群，在群里报名参加聚会，账单及时公布，聚会结束发起群收款，既增进友谊又不伤感情。文化学者解释说这种时尚的 AA 制是“西风东渐”的表现，西方文化强势侵入中国，人们越来越接受西方人的生活和交往方式。

一些经济学者并不认可这个解释，北京大学的一位经济学教授认为，农业社会人口流动少，请别人吃顿饭，可以期望对方下次回请；改革开放后，社会流动加大，今天你请别人吃顿饭，却不知下次相见是何时，更别说回请了。于是，人们很自然地采用 AA 制，这就是所谓的“局限条件下的利益最大化选择”。和文化学者的解释比起来，经济学者的解释显得不轻灵、不“深刻”，但也许世界的真相就是这样。

“天下没有免费的午餐。”斯蒂格勒[①]认为这句话是经济学的核心。对于不了解经济学的人来说，这句话越发勾勒出经济学者自私、算计的面目：别人请客，经济学者一定会瞪着怀疑的眼睛，猜测别人的真实意图，更不要指望这些吝啬鬼请别人吃免费的午餐了。和大众的常识更加相违背的是：人们经常得到免费的东西。吃过别人的没有回请暂且不提，走在街上，还有商家把免费试用品往路人怀里塞。

其实经济学者并不比其他人更吝啬，只是人们误解了“天下没有免费的午餐”这句话，它的重点在于“天下”，也就是说，天下的午餐，总要

① 斯蒂格勒：美国著名经济学家、经济学史家，1982 年诺贝尔经济学奖得主。

有人付费。朋友请你吃饭，你没付费，但你朋友付费了；商家送你赠品，你没付费，但商家付费了……

很多经济学者用这句话对欧洲高福利国家提供的政府福利进行批评。高福利国家的政府号称有责任提供免费的各种服务，但是，政府自己并不生产什么，那么，谁在为政府提供的这些“免费”的东西付费呢？很显然，除非政府能从上帝那里得到支援，否则所有的“政府责任”就只能由纳税人自己承担。也就是说，政府从来没有提供过任何“免费”的东西。从纳税人身上收税，再花到纳税人身上，这就是福利制度的真相，因此有人说：“所谓的政府福利制度，其实就是税收制度。”

经济学者要进一步追问，在这个过程中，人的行为发生了什么变化？简单来说是激励体制缺乏，效率低下，经济失去活力。这从法国等欧洲国家问题百出、经济停滞就能得以印证。但可悲的是，尽管经济学者反复强调“天下没有免费的午餐”，人们对免费午餐的期望却仍然不减。

图 4.7　人们误解了“天下没有免费的午餐”这句话，它的重点在于“天下”，也就是说，天下的午餐，总要有人付费。朋友请你吃饭，你没付费，但你朋友付费了；商家送你赠品，你没付费，但商家付费了……

一周工作四天？难！

2014年10月7日，俄罗斯国家杜马劳动委员会发布消息称，俄罗斯工作日或将缩减至4天，并称缩减工作日可以促进增加劳动岗位，增强员工健康，对周围环境发展产生积极影响。

好在这个乌托邦式的幻想最终没有实现，俄罗斯议员还真是善于算账，先砍掉在职人员1/5的工作时间，然后增加失业人员的工作岗位。实际上，砍掉在职人员1/5的工作时间，相当于让1/5在职的人失业，只不过这失业是均摊到所有人头上的，看起来好像谁都没有失业。这不是增加工作岗位，而是让在职者腾出1/5的工作岗位给失业者。

问题是，这腾出来的1/5的工作岗位，失业者是否就能胜任呢？也许，有部分岗位可以胜任，但大部分岗位将发生混乱。失业者之所以失业，是因为他们本来就是在效率上竞争不过在职者。

要想解决失业者的问题，就要先明白什么是工作。工作其实就是甲为乙提供产品，乙为甲提供产品。也就是说，甲的工作依赖于乙的工作，乙的工作也依赖于甲的工作。如果甲失去工作能力，就对乙的产品失去购买力，那么，乙为甲服务的那部分工作就没有了。

所以，只有让市场更活跃，让人们有更强的购买力，才能创造出更多的工作岗位，俄罗斯议员却想通过压低在职员工的效率来分享工作岗位，实际上是减少了俄罗斯的工作岗位，因为每个人都少了一天的产出来购买别人的产品，这只会进一步降低效率。

另外，俄罗斯劳动委员会主席安德烈·伊萨耶夫随后还说，工作时间的减少应该在保留工资不变的前提下进行，这与我国一些专家近两年经常提到的“周五下午＋周末”的周末休息模式很相似，如果真的实现，恐怕绝大多数的人不会反对，但是这有两个逻辑上的陷阱，专家是不会告诉你的。

第一，员工的薪水是由市场供求决定的。也就是说，老板只为你的有效工作日付薪水。如果政府强制规定企业执行“周五下午 + 周末”的周末休息模式，企业招人时就会降低工资，对已经招进来的员工，就会减少加薪，也就是说，即便名义上工资不降，人们的实际工资也必然会下降。

第二，专家的想法是，多给员工放假，人们就有了时间旅游、消费，就能带动经济发展。但是，人们是从总体上安排支出的，当人们在旅游上消费过多时，同时就会减少在其他方面的消费。旅游需求虽然增加了，但是其他需求却减少了，所以并没有在实质上扩大内需。

另外，专家们还是坚持刺激消费的思路，但他们不明白的是，经济发展靠的是资本积累。资本积累越多，生产效率越高，成本越低，供给越多，人们才能消费更多。而刺激消费是鼓励消耗资本，长期下去只会抑制

图 4.8　俄罗斯议员却想通过压低在职员工的效率来分享工作岗位，实际上是减少了俄罗斯的工作岗位，因为每个人都少了一天的产出来购买别人的产品，这只会进一步降低效率。

消费；强制休假则更加糟糕，会减少人们的收入，减少资本积累。

当然，我不是反对工作的人们休息，只工作不休息也会降低工作效率，但休息时间应该让市场来决定。有的人欲望更多，需要更多工作，有的则不需要工作很长时间，他们愿意花更多时间休息、旅游，这些，让企业和员工自己协商较为妥当。政府强制规定工作时间完全是多此一举。而且就算政府规定了工作时间，有些企业也肯定会安排员工加班，但这又要受到各种约束，增加了无谓的交易费用。

公立教育在哪国都只有失败？

2015 年 8 月，英国广播公司（BBC）邀请 5 名中国老师到英国汉普郡的一所顶级中学，进行了一个月的“中国式教学”实验。BBC 将实验拍成了纪录片，由 BBC2 分三期播放，第一期节目在英国时间 8 月 4 日开始播放。

同日，英国《卫报》刊登了特约专栏作家西蒙 · 詹金斯（Simon Jenkins）的评论文章《中国学校是考试工厂，为何英国却要效仿？》，该文以犀利的言辞质疑中国的教育方式，称中国学校是“考试工厂”，并质疑英国政府为何要仿效中国的教育方式。西蒙·詹金斯说：“半个世纪以来，虽然美国和英国在这些排名榜（主要指 PISA 测试）上始终表现差劲，却在学术研究、科学专利、发明创新和创造力等方面引领全球。”

西蒙 · 詹金斯所说的英美在创新、专利等方面引领全球，是有道理的，但要知道，第一，中国和英美的创新差距正在缩小；第二，英美的科技精英也是那些经过专心、长期的学习和培训的人，不要指望玩玩闹闹真的就能培养出科技精英。就拿这位西蒙 · 詹金斯来说，他的文章中有一句话："PISA 排行榜曝光最多的是数学成绩。很显然，因为数学是机械式学习。""数学是机械式学习"，说这话的人有多无知无畏？

我们不能否认，中国教育的确有很多问题。比如说技能培训和市场实践相脱节等。至于说创新能力、动手能力等，中国学生其实已经在大幅改进了。在各种公立教育中，总是存在这样那样的问题，英国中小学教育也是以公立教育为主，中国教育问题很大，但英国教育的问题同样层出不穷。

先来看一条 2013 年 7 月的新闻：英国两大主要教师工会 NUT(全国教师工会)和 NASUWT(全国校长协会和女教师工会)宣布，他们将在今年举行全国性罢工行动。这两个教师工会代表了全英国 90% 的教职工，他们对政府调整教师退休金计划、增加工作量和今年 9 月起引进与业绩挂钩的工资计划表示强烈不满。

反对调整退休金、反对增加工作量是福利国家工会的常态，而教师工会不同于其他工会的一点在于，它们还反对工资与业绩挂钩。也就是说，老师教得怎么样，都不影响拿工资。在这一点上，美国的教师工会也是如此。他们还炮制了一个理论：快乐教育。他们说，如果考核老师，老师就会有业绩压力，就会把这个压力传递给学生，从而使得学生不快乐。他们是真的相信玩玩闹闹出人才，还是借此逃避教师工作考核呢？你愿意把自己的孩子交给没有考核的老师吗？因此，美国现在也开始出现反思的声音，有学者说，自从快乐教育兴起，美国教育就在衰落。

英国教育的种种弊病不必穷尽列举。总之，政府掏钱办的教育，制造了无数问题，而当政府想改变时，又受到各种势力的干预。要解决问题，还是得回到市场化的教育体系中来。

其实，中国古代教育家孔子的教育理念就很好：有教无类、因材施教。要实现因材施教，就要加强教育的自由度。诺贝尔经济学奖得主弗里德曼曾经提出教育券的设想，希望改善美国的教育。他设想把政府给学校的补贴，变成教育券发给家庭，通过家庭的自由选择来实现学校的优胜劣汰。但在政府势力强大的美国教育系统下，这一设想是不会得到推行的。

中国教育需要改革，但在认识到自己缺点的同时，也要发现别人的缺点，千万不要学错了对象。英国不应学中国，中国也不应学英国，而是应该勇敢地走出一条自由教育之路。

图 4.9　其实，中国古代教育家孔子的教育理念就很好：有教无类、因材施教。要实现因材施教，就要加强教育的自由度。

PART 05

管制，管住了谁

有人曾研究过从公元前2000年到公元1978年，发生在30个不同国家的超百起的物价管制案例，并发现这段贯穿4000年的物价管制历史结果最终都是失败的。因为管制不仅没有使价格下降，反而导致通货膨胀加剧，由此也说明一个道理：通过立法来操纵市场进程是没有益处的。然而，几千年过去了，这个问题仍然困扰着我们，并且衍生出其他各种管制性立法，难道这一难题就真的无解了吗？本章将为你揭晓谜底。

要结束户口冲突：争取落户不如反对户口伤害

计划经济时代遗留的种种弊制，最受诟病的莫过于户籍管理制度。如果这一制度仅仅是一种人口档案登记管理制度，也就不会招来这么多的反对之声，问题是要管制，就要对人群进行某种身份的区分。除了区分城乡，还要区分地域，还要区分干部和工人……而且户口的区分和各项管制渊源最深，一些官员动不动就想使用它。20 世纪八九十年代，农民就算拿出一半的家产也要为孩子买一个县城户口，就能说明当时城镇户口的含金量有多高。

但随着经济管制日益放开，城市户口的含金量自然大大减少。有媒体报道，在安徽、四川、湖北等地调查发现，多数试点中小城市已经全面放开农民进城落户，但在“零门槛”前农民落户意愿普遍不高，于是许多人误以为城乡户口已经没有多大差别。其实这是错误的，以前中国人的户口冲突是在城里人和农村人之间展开的，现在是在外地人和北上广深这些大城市的“土著”之间展开的。

人们现在对户籍制度的诟病，主要集中在教育、医疗、社会保障等领域，而这些正是市场化非常不充分的领域。

就拿北京做例子，北京的公立大学在招生上严重偏向北京生源，而市场化的民办大学则完全不考虑户口因素。但是，由于对教育市场化的种种限制，优质教育资源集中在公立大学，北京户口的含金量就大大提升。在基础教育方面，北京早在几年前就大张旗鼓地取消了农民工子弟学校，农民工不能为子女选择自己可以支付的教育产品，就只能接受公立学校基于户口差异的高收费。

除了教育资源，我们的医疗资源也集中在大城市；社会保障方面，城乡差别也仍然巨大，农村的社保覆盖率比较低。

在其他保留管制越多的领域，某些户口的含金量也就越高。比如，管制严格的北京出租车行业规定从业者必须有北京户口，对于希望在北京开出租车的人来说，北京户口的含金量不言而喻。又比如公共投入方面，北京的公共投入增长幅度超过了房价的增长幅度，这也大大提升了北京户口的含金量。

既然大城市的户口含金量这么高，为什么不能像媒体报道的那些中小城市那样全面放开落户限制呢？这是因为有福利和管制的地方，就有既得利益者和被损害者的冲突。价值数十万、上百万元的户口，能那么轻易地给外地人？

北京人、上海人为什么这么反对放开户口？第一，不想被外地人分走福利蛋糕；第二，误以为对外地人户口的伤害就是对本地人利益的保护。

然而这两个想法都是站不住脚的。第一，福利蛋糕让外地人只付出不享受，压抑了外地人的效率提升，最终也会损害本地人的真实福利。第二，没有一个北京人、上海人能避免和外地人直接、间接合作，对合作者的伤害，早晚也会对本地人产生影响，户口管制其实也伤害了本地人，而不仅仅是伤害外地人。

安徽、四川、湖北的中小城市放开户口，为什么农村人没有蜂拥争抢？因为在这些地方，户口伤害已经很微弱，户口已经不值钱。这也揭示了户口冲突中，弱势的一方应该采取的策略：争取落户不如反对户口伤害。

现实生活中，确实有很多人要求拥有北京、上海户口，是为了加入分福利蛋糕的队伍，这当然会受到北京、上海人的强烈反对，于是导致这场冲突永无终期。但如果换个策略，说："我不要北京户口、上海户口，我只要别再管制我，别再让我为孩子入学办 20 多道手续，别再让我为办准生证来回跑，别限制我买房、买车。"对于减少户口伤害，本地人就没有太多的理由和动力来反对，也有利于早日结束户口冲突。

毕竟，目前人们出高价购买北京、上海户口，主要是为了避免被伤害。当户口伤害减少，户口的市价会急剧降低。试想一下，当户口价值数十万、上百万元时，你说放开户口不会引起全国人民蜂拥而来，你觉得本地人会相信吗？当户口从市价 100 万元降低到市价 10 万元、5 万元、1 万元……本地人才可能相信，即便放开户口管制，也不会出现全国人民蜂拥而入的可怕景象，这就离彻底的户口改革不远了。

图 5.1 如果这一制度仅仅是一种人口档案登记管理制度，也就不会招来这么多的反对之声，问题是要管制，就要对人群进行某种身份的区分。除了区分城乡，还要区分地域，还要区分干部和工人……

城里人“死不起”？让农民来帮你

上一节我们已经提到，我国多数试点中小城市已经全面放开农民进城落户，但农民落户意愿普遍不高，有的县城 2015 年农转非人数仅为 200 多人。

为什么以前农村人争抢城镇户口，现在放开让他们进城落户，他们反倒不落了呢？除了现在的户口冲突集中在外地人和北上广深这些大城市的“土著”之间展开以外，一个最重要的原因就是以前的城镇户口附着了太多农村户口得不到的东西，谁得到了城镇户口，就意味着谁能得到这些东西。这些东西一般是一些人为的管制，比如就业管制、入学管制等。现在这些管制放开了，城镇户口的“价值”也就下降了，否则，农村人还是会渴望城市户口的。

另外，拥有城镇户口的人不能购买农村土地这一点，也让农民在放弃农村户口之前还要掂量掂量。与以前没有城镇户口就不能在城市就业、入学的政策抬高了城镇户口的“价值”一样，没有农村户口就不能购买农村土地的政策也抬高了农村户口的“价值”。

如果放开农村土地流通，会带来很多好处。首先，它能大幅降低人们的居住成本、办厂成本，很多资源要结合土地才能高效利用，土地体制僵化，一定程度上阻碍了效率的提升。其次，土地市场化可以大幅增加农民的收入；了解农村情况的人应当知道，现在大片土地被抛荒。如果允许农民自主利用这些土地，这些被抛荒的土地马上就能变成收入。而更重要的是，还能解决城里人“死不起”这一难题。

近几年，我们只要搜索墓地价格，相关新闻就会映入眼帘：“京沪周边热卖‘异地墓’，‘死’也要逃离北上广”“南京墓地每平方米均价超 2 万元，20 多年涨 20 多倍”……而且有些城市已经出台相关政策，今后不再批建新公墓，这意味着，在人口老龄化的今天，这些城市的墓地价格势必还会涨势难停。而在这个墓地价格全面超越房价的时代，小产权墓、期墓也应运而生。

很多城里人大叹“死不起”，但是农村人却不用担心墓地问题。农村有大片适合做墓地的青山绿水，却不被允许卖给城里人使用；城里无数老人想死后葬在一个绿水青山环绕的地方，却只能去挤指定的钢筋水泥公墓。而公墓地方有限，好位置人人去抢，价格自然被抬得很高。

这就是一个怪现象：城里人不能买农村的土地，不仅影响了城里人的生，也影响了城里人的死。可悲的是，很多城里人还反对土地归农民个人所有，反对农村土地自由流通。他们不是农民，却又喜欢自以为是地“替农民考虑”。他们自己没有土地，日常生活中感受不到对土地的管制给农民造成了多大的损失。他们也不懂得，他们的反对其实也让自己受到了损失。

如果允许农村土地自由流通，农民的集体土地产权具体到个人，很多农村土地可以用来经营墓地，农民可以增加收入，城里人也可以选择心仪的墓地，价格还会大幅降低。

在中国古代，有钱人还会雇专人守墓，守墓人会经常修整墓地周围的环境，以避免墓地荒草丛生。如果农村的土地可以用作城里人的墓地，农民也可以帮助城里人看管墓地，这是一件双赢的事情。

当然，阻碍农民帮助城里人“死得起”的，不仅是土地管制，还有殡葬业其他方面的垄断，比如火化等，这些领域其实都应该完全放开。一方面让农村土地、人力闲置，另一方面却让城里人“死不起”，这实在是很矛盾。

图 5.2 如果放开农村土地流通，会带来很多好处。

贸易保护与卖炭翁

“卖炭翁，伐薪烧炭南山中……可怜身上衣正单，心忧炭贱愿天寒。”白居易极富艺术感染力的《卖炭翁》俘获了很多读者的心。人们同情卖炭翁的处境，跟他一起“心忧炭贱愿天寒”。但是换个角度想一想，天下不是只有卖炭翁一个穷人,“天寒”对于那些买不起炭的穷人又意味着什么？即使有些穷人买得起炭，但因天寒需多买炭，就必然要少购买食物或者其他生活必需品，这就使他们的处境更加恶化。

幸好“愿天寒”只代表卖炭翁的一种心情，他并没有想去强行改变什么。但是现代社会却有这么一群人，他们的处境比卖炭翁强得多，他们也希望自己的东西卖得贵一点儿，但他们借用政府的强制力量来排斥竞争。比如，美国出台了“只买美国货”法案，欧洲工会排斥外来产品，中国一些地方政府也要求优先购买本地产品。

在各种保护主义者看来，经济困难时期，优先购买本地产品有助于本地企业走出困境。中国的主流评论者指出，贸易保护一旦激起他国的贸易战，就会滑向双输的结局，导致世界经济深陷衰退的泥潭。这种看法是正确的，但是我们还应该知道，贸易保护主义一向是未伤人先伤己，在他国还击之前，就已经在伤害本国经济了。

举个例子，假设在一个小山村，只有农民、理发师、铁匠这几个行业，而村里面对这些行业都实行保护，不允许外来产品和服务参与竞争。很显然，农民可以把大米卖得更贵，但他们却也要付更多的钱理发和购买农具；同理，理发师也可以把价格收得更高，但他们却也要付更高的价格购买大米和铁器；铁匠也面临同样的处境。他们每个人都获得了名义上更高的收入，但其实每个人收入都很低。

如果这个村子持更开放的态度，把自己融入外面的世界，那么外面较为廉价的大米、铁器会进来，收费较低的理发师会进来。看起来村里人都受到了来自外部产品的竞争，但是村里可以只留少量的人种田，其他人可以发展其他产业，比如编竹器、打毛衣。以前，村里只有大米、铁器、理发师，现在村里仍然有大米、铁器、理发师，但多了毛衣、竹器，由于多了毛衣和竹器的供给，整个村子的生活水平都提高了。

其实，整个人类经济就是这样发展起来的，只不过比一个村子的经济更繁杂、更丰富而已。由于分工和贸易的范围越来越广，人们得以降低生产成本，这使得人们可以积累更多的资本发展其他产业，同时也不断提高现有产业的效率，从而使得世界变得更加繁荣。

由此可见，本地产品如果有竞争力，那么不需政府干预，人们自然就会购买。如果本地产品没有竞争力，而政府非要进行保护的话，对被保护的产业来说暂时是好事，但其他产业的发展却要受到阻挠。

图 5.3　但是我们还应该知道，贸易保护主义一向是未伤人先伤己，在他国还击之前，就已经在伤害本国经济了。

贸易保护主义者也许会辩护说，保护是暂时的，一旦这些企业走出困境政府就会取消保护。但是很显然，在对这些企业进行保护的同时，其他企业的成本却在上升，从而更难走出困境。贸易保护主义者还会说，只是要求政府采购向本地企业倾斜。然而，政府刻意采购缺乏竞争力的本地产品，肯定是对纳税人利益、对公共服务质量的损害。

的确，有一些企业不具备发展的比较优势，对这些企业来说，正确的做法是重新调整方向或者申请破产，让资源配置到更高效的企业中去，而不是用损害其他企业的发展机会来“保护”自己。政府的职责是保护所有企业的发展机会，而不是保护某些具体的行业或企业。政府只要尽力创造良好的贸易条件即可。

内地人在日本狂“扫货”，香港人怎么看？

根据日本国家旅游局 2016 年 12 月 21 日发布的数据显示，11 月赴日外国游客人数（推算值）比上年同期增长 13.8%，达到 1875000 人，其中中国内地游客增长 19.2%，达到 432800 人，人数最多。大批中国游客涌入日本，除了旅游就是购物，而中国“扫货大军”的爆买也让日本商家颇为震撼。

对内地游客去日本疯狂“扫货”的现象，香港人的心情恐怕是复杂的。根据媒体 2016 年 5 月消息，香港旅游业已步入寒冬，赴港游客量跌势未止。2016 年前两个月香港零售业总销货价值下跌 2%，总销货数量下跌 0.3%。珠宝首饰、钟表及名贵礼物是重灾区，销售总额下跌 16.6%，而服装下跌 4.7%，百货公司货品亦跌 0.8%。

对于那些狂热的反“水货客”的香港人来说，他们可能还是坚持打了鸡血似的偏执情感，但没有了大批蜂拥而至的旅客，他们真的可以安然享受那份没有纷纷扰扰的平静吗？他们是否想过，对于兢兢业业的香港企业家、劳动者来说，自己的偏执情感对他们会造成巨大的伤害。

那些偏执的香港人误以为内地“水货客”抬高了香港的物价，这是被偏见影响了思考。其实，内地水货客越多，香港物价越便宜，这和一般人的直觉思维相违。的确，在某一个具体的时点上需求越大，价格越高，这是经济学的基本原理，没有错，但经济学还有其他的原理。

在供给可调整的市场上，需求越大，规模效益也越大，成本降低得也越快，因此，在平均利润规律作用下，只有供给调整，价格才会下跌。

义乌人想必清楚，如果哪天全世界不再去义乌购买小商品了，义乌人就再难买到低价小商品了。义乌小商品市场的铺面租金全国最高，但其实分摊到每件小商品上，却可能是全国最低的。为何？因为出货量大。正是因为全世界都去义乌买小商品，义乌人才根本不愁买不到低价小商品。不仅义乌，任何商品集散中心，其商品价格都是较低的。

但是一些香港人却想不明白这个道理，就拿奶粉来说，因为内地人去香港买奶粉，是帮香港人分摊了运输、铺面、库存、服务等成本。由于平均销售成本大幅下降，利润空间就会更大，就会吸引大量供给，使得价格下降。价格下降到什么程度呢？因规模效益增大，故必然降低到比内地“水货客”进入香港之前更低的程度。

另一方面，由于进货量大，无论是直接进口奶粉，还是香港本地自产奶粉的企业只进口奶源，议价能力都会大幅提高，这也会帮助香港奶粉降价。打个简单的比方，这就相当于内地客跑去和香港人一起团购，这当然会降低香港奶粉价格，而不是抬高其价格。

香港是金融中心，所以香港人融资成本很低，那些反内地“水货客”的人经济思维实在转换不过来，才会抗拒香港成为奶粉集散中心。如果内地某个城市可以成为奶粉集散中心，那个城市的产妇是开心还是反对呢?

不只奶粉，其他商品也是同理。如果香港能够成为内地人的购物天堂，这不仅降低了香港的物价，香港人自己也可以买到更多便宜商品，更不要说还会增加无数工作岗位。

论起做内地游客的生意，香港的贸易条件比日本优越得多。内地人购买力剧增的过程，本来是香港发展商业的良机，但是部分香港人排斥内地“水货客”，可能导致一些消费者只好转向日本“扫货”，这当然增加了内地消费者的成本，同时也是香港商家的损失。

要想重获游客的芳心，香港要做的，就是明确承认排斥内地客、奶粉限购等做法完全错了，并向世人表态，不会再违反自由贸易的原则。对一

图 5.4　在供给可调整的市场上，需求越大，规模效益也越大，成本降低得也越快，因此，在平均利润规律作用下，只有供给调整，价格才会下跌。

个贸易城市来说，自由贸易原则是其生命线。只有表明自己不会再碰触生命线，才能重塑自由城市的声誉，才能让香港再度吸引游客。

但是内地也应该反思，无论是去香港还是去日本扫货，都增加了无谓的成本。对这部分购物，国家其实也收不到关税。那么，为什么不干脆大力降低关税，让更多的内地消费者享受到更大的好处，而不必再长途劳顿，从而省下付给航空公司的钱呢？降低关税，让货物直接低成本进入，到那一天，相信香港人还得跑到内地来购物吧？

《劳动合同法》：意愿不是结果

自 2008 年 1 月 1 日《劳动合同法》开始实施起，至今已有 9 年多的时间，与之随行的相关讨论也从未断过，最广泛的一次讨论是在《劳动合同法》出台前夕，当时有很多反对的声音。比如著名的经济学家张五常、张维迎等纷纷指出执行该法可能会对改革和就业机会造成影响，企业家柳传志、任正非、刘永好等人都曾表达过该法可能会造成企业负担过重的担忧。

2016 年，对于该法是不是存在问题的争论又起。在 2016 年 3 月召开的第十二届全国人民代表大会第四次会议记者会上，时任财政部长楼继伟就说过这样一个观点：对于企业和雇员，《劳动合同法》的保护程度是不平衡的。本意是保护劳动者，但可能最终损害了一些劳动者的利益。不久之后，人力资源和社会保障部部长尹蔚民也公开承认，《劳动合同法》实施 8 年以来，虽然发挥了积极作用，但在劳动力市场的灵活性以及企业用工成本方面存在一些问题。

两位部长的表态，在当时引发了社会的持续关注与讨论。我赞同两位部长的观点，各种纷繁复杂的“保护”工人的法律出台，一方面，可能会导致企业的竞争力和经济活力下降，最终也会使劳动者的福利受损；另一方面，这些政策恰恰损害了被保护对象的利益。

相对弱势的群体因为其现实能力与处境，愿意降低要求来跟他人竞争。比如，愿意接受更低的工资，愿意接受临时雇用，愿意减少福利，等等。但是，那些意图保护他们的法律条文，恰恰阻碍了他们提高竞争力，使得他们在竞争中更容易出局。法律可以强求资方提高工资，但资方会改雇条件更好的人；法律可以强求资方签订固定雇用合同，但资方会选择减少雇用人数……在很多“保护”措施的背后，吃亏的恰恰是最弱势的人群。

比如在《劳动合同法》正式实施的前一年——2007 年，无论外资、国企、私企，还是事业单位，都在忙着“规范”用工形式。中国最大的媒体集团——中央电视台应对新《劳动合同法》的措施就是辞退 1800 名编外人员。在全国，中小企业也掀起了裁员高潮。那些临时被雇者，他们并没有因为新《劳动合同法》获得固定的雇用合同，反倒因此丢掉了临时的工作。其实他们的工作也不“临时”，只是没有固定用工合同，如果没有强行干预，他们也许可以做很多年。

新法保护了有固定雇用合同的员工，其负面是临时工失业、企业谨慎雇用新员工，导致潜在工作机会减少——本就就业难的大学毕业生，面临的就业形势更加严峻；工作满 10 年的员工可以凭借新法获得无固定期限雇用合同，但其负面是企业被迫辞退工作八九年的员工……人们往往看到了前者，却没有看到后者。

图 5.5 经济学家弗里德曼说，意愿不是结果，要注意“保护”背后的损害。我们应该看到，工作机会的竞争，不是在资方和工人之间进行，而是在工人和工人之间进行的。

经济学家弗里德曼说，意愿不是结果，要注意“保护”背后的损害。我们应该看到，工作机会的竞争，不是在资方和工人之间进行，而是在工人和工人之间进行的。强行“保护”，使一部分工人得利的同时，也使另一部分工人的处境更加不利。所以充分竞争[①]，提升经济活力，使工作机会增加，真正实现保护普通劳动者和提升企业竞争力的平衡，才是真正的保护。

从经济学看“反歧视”

美剧《波士顿法律》第一季第一集，律师 Alan 接了个案子：一名黑

① 充分竞争：指市场内所有资源都已经被调动，不存在任何人或集体可能出现的垄断性。

人妇女说自己的小女儿参加某个舞台剧的主角选秀受到了不公平对待，她认为自己的女儿最优秀，仅仅因为肤色才被淘汰。但舞台剧制作方的律师说，不是因为女孩的肤色，而是因为剧中的角色是个白人孤儿。Alan 问："既然如此，你们怎么还让黑人女孩参加选秀？"制作方的律师无奈地说："这还不是因为反歧视法案。"

为了保护被歧视者，美国有各种各样的反歧视法案，比如《雇员年龄歧视法》《能力缺陷法》等，这些法案在体现社会公平时，也造成了很多不合理的现象。比如上面提到的案子中，即使要选的是个白人孤儿的角色，制片方在选秀广告中也根本不敢不让黑人女孩参加，因为那样就会被控种族歧视。

制片方本来以为，选秀可以让黑人女孩参加，但挑选权在自己手里，可是那个黑人妇女说："你们既然让我的小孩参加了，就应该用她，她是多么优秀啊！"法庭上，小女孩在母亲的示意下，一展歌喉。法官点头微笑，说："你真的很优秀，可是那个白人女孩也一样优秀；而且这个案子不是政府雇用，企业有权做出自己的选择。"

这时候一个黑人神父，前民主党总统候选人闯进法庭，发表了一番慷慨激昂的演说，然后大声疾呼："请给我们一个黑人主角吧。"顿时法庭里掌声如潮。法官在众人意愿的压力下进行调解，最后制片方妥协，决定让小女孩每周演一次，每月加一次。于是，黑人母女、黑人神父、Alan、旁听者均对"公平"的降临心满意足。

可是他们没看到，在这一方得到"公平"的背后，另有三方却遭受到了不公平。本来白人小女孩可以独自表演白人孤儿，现在她却要跟黑人女孩分享表演机会，她的公平又到哪里去了？掏钱买票的观众，他们周一到周四看到孤儿的肤色是白的，周五却不得不接受一个突然变了肤色的孤儿，他们的公平又到哪里去了？制片方失去了用角色的自主权，他们的公平又到哪里去了？

在现实生活中的美国，这样的例子很多，所以很多经济学家慎谈反歧视。市场的复杂程度超乎政客的想象，政客根本难以判断企业拒绝雇用，在什么情况下是歧视，在什么情况下是工作岗位的要求。女性内衣厂雇用的男性员工比较少，是否就是对男性的歧视？对这样的事情，最好还是交给企业去自主决定，因为企业不会跟钱过不去，如果雇用某个人能让企业多赚钱，老板才不会因为歧视而拒绝雇用他呢。

从另一个角度看，所谓的反歧视，所谓的保护，常常造成被保护方处于不利处境。比如美国某企业都是男性员工，想要雇一名女工，但按照反对歧视妇女的规定，企业必须为这位女工单独建一间厕所，因为成本太高，只好放弃增加这一工作岗位。

美国的反歧视，在照顾一方的同时，造成其他几方受损。为什么反歧视造成了这样的效果？因为政府的干预总是离企业的实际需求甚远，他们

图 5.6　对这样的事情，最好还是交给企业去自主决定，因为企业不会跟钱过不去，如果雇用某个人能让企业多赚钱，老板才不会因为歧视而拒绝雇用他呢。

无法判断反歧视的合理性。最好的做法是，既不要反歧视，也不要歧视，还权给企业，让企业从本身实际出发做出选择。

城管如何赢得尊敬？

自从收容遣送制度被废除以来，城管人员暴力执法就成了城市管理中最受诟病的一环。每当社交媒体报道出城管暴力执法、殴打他人的新闻，新闻下面的评论都会有成千上万条，而且都是口径一致地骂城管。而当出现城管文明执法反而被打伤的新闻时，底下的评论却只有几十条甚至几条。而在这寥寥无几的评论中，很少有同情和尊敬城管的声音，仍然是一片叫好声。那么，城管为什么会如此招人痛恨呢？

城管部门把暴力执法归之为个别城管人员素质不高，也采取了一些措施极力树立良好形象，但收效甚微。城管人员也感到非常委屈，他们认为自己是为了市容和公众秩序而执法，为何商贩会反抗，普通市民也不领情？

在市容、公众秩序和生活便利之间，不同的市民显然会有不同的看法。那些很少光顾小商贩的市民，会更倾向于维持整洁的市容；而从小商贩那里购买货品的市民，却愿意牺牲一部分市容，换得生活便利。问题的症结在于：不同的市民有不同的取舍，但公共空间的管理权却被城管部门垄断。垄断条件下，城管人员暴力执法有强大的动力，比如罚款的利益驱动，或来自追求市容整洁的上级领导的压力，等等。垄断导致暴力执法现象层出不穷，但是，即使城管人员减少暴力执法行为，也只能为他们赢得一些同情分，而不会得到市民广泛的支持，因为城管部门的利益和市民的利益并不一致。

城管人员是否有办法彻底改变形象，获得尊敬与支持呢？首先要做的就是如何在市容、市民生活的便利和小商贩的生计之间找到平衡。平衡把握得好，问题就出现得少。一些自治机制提供了这方面的典范。

最典型的例子就是小区治理。很多小区门口有大片的公共地带，也有小摊贩，但却很少出现小摊贩和小区保安发生暴力冲突的情况，原因就在于这些小摊贩能为小区居民提供一些生活方便，物业公司不能无视小区居民的意愿把他们赶走；同时，物业公司也不能任由他们乱摆摊从而影响小区环境及居民出行。物业公司最佳的选择，就是为小摊贩提供划定的经营场所，甚至还可以收取一定的管理费用。小区保安的权力比城管员少，“执法”水平也未必比城管队员高，为什么反倒治理得更好？可见合理治理才是关键。

由此可见，打破城管部门对公共空间的管理权的垄断，扩大城市社区自治，才是解决问题的关键。如果把每个地方的公共空间管理权都交给与其利益最相关的人群来决定，再由这些人群向城管“购买”执法服务，在自治机制下，各种协商机制乃至价格机制就会自动出现，通过反复调整，找到一个比较好的平衡点，暴力执法也就失去其主要动力。

图 5.7　由此可见，打破城管部门对公共空间的管理权的垄断，扩大城市社区自治，才是解决问题的关键。

在不易判断利益人群的地方，城管部门也应征求更多的社会意见后，再确定管理办法。尤为重要的是减少强制，多提供服务，这有很好的前例可循，比如收容遣送制度改为救助制度，即改强制为服务，侵犯公民权利的现象就大大减少了。

反观城管机制，城管队员执行的是领导的意志，领导想要什么样的市容，城管就怎么执法。城管部门把执法行为、执法结果强加给商贩和市民，当然既会遭到小商贩的反对，也不会得到市民的同情。

所以，行政部门必须学会放权，扩大市民自治，这样做肯定会违背某些人整齐划一的市容观，得到的却是更高的效率和更多人的满意。如果城管人员能够提供高质量的执法服务，获得尊敬和支持就不是难事。

少管制专车也是改革

2016 年 7 月 27 日，交通运输部、工信部等七部委联合发布了《网络预约出租汽车经营服务管理暂行办法》，并在同年 11 月 1 日起开始施行。

其实早在 2015 年 10 月，交通运输部就起草了《网络预约出租汽车经营服务管理暂行办法》(征求意见稿)，并向社会公开征求意见。在组织专家讨论的会议中，官方专家或者倾向官方的专家强调，专车也是运营车辆，也是提供运输服务。这当然没说错，但支持市场的专家如上海金融与法律研究院执行院长傅蔚冈，就强调专车和传统的出租车不同，“滴滴”等汽车网络预约 App 只是提供服务的平台。

为什么专车的性质会成为讨论焦点之一呢？交通运输部门还特意发明“网络预约出租汽车”这样一个词？那是因为，如果专车被定义为某种形式的出租车，交通运输部门就好管理了；对出租车，有很多现成的管制条例。

但问题是，针对出租车的个别管制本来就是错误的。多年来，出租车司机就已经抱怨连天了，那是需要改革甚至取消的陈旧体制，却一直被交通运输部门拖着不改。如今，交通运输部门想以定义专车性质的方式来管理专车，那些支持这一做法的专家，就没感到一丝羞愧吗？

在牌照管制下，出租车数量无法根据市场需求进行调整，乘客的选择范围很小，打车、预约车都很困难，同时，大量的私家车和司机闲置，造成资源的巨大浪费。

正是在这种情况下，才会有平台运用高科技把闲置的车和人力利用起来，让专车从出租车管制的夹缝中找到自己的生存之路，这是科技人性化的胜利，是市场的胜利。交通运输部门如果不让专车得到自由发展，沿用过去的出租车管理条例来对待这些勇于创新的用车平台，未免将行政部门置于乘客和司机的利益对立面，这种胡乱向市场伸手的行为真是令人感到不解。

有的专家说，正是因为现在的专车发展遇到了问题，乘客与司机、司机与平台以及新老业态之间存在矛盾，而且在有些地方矛盾已经开始激化，影响了社会稳定，所以迫切需要相关管理办法出台，进行进一步的规范和管理。

专车有没有问题？有。但“冤有头，债有主”，专车出现问题后，消费者可以对为专车提供服务的平台提出控告，运用法律手段进行维权，这是典型的民法问题，根本不用出台行政条例“进行进一步的规范和管理”。

少数交通运输部门管理出租车本已管得不好，难道管专车就会好得了？这些平台如果没有服务好消费者是要面临破产的，而交通运输部门没服务好消费者，不仅不会受到追责，还能以过去的错误体制来套用今天的新事物。

出租车司机反对专车属情理之中，毕竟涉及利益之争。但对交通运输部门来说，如果怕得罪出租车司机就为难专车行业，那么，它会得罪更广大的消费者和专车司机。交通运输部门大概也不想为传统出租车行业得罪更大的群体。所以，交通运输部门对专车伸手，还是属于扩权冲动。

另一个问题是，如果不管制专车，出租车司机当然会抗议交通运输部门捆住他们的手脚。那么出租车行业的管制也就没有理由存在，交通运输部门将会因此失去一大块权力，这大概是交通运输部门不得不对专车下手的原因。

古人说，扬汤止沸不如釜底抽薪。放开专车是釜底抽薪，为了牌照既得利益者的利益，增加重重管制，是扬汤止沸。这个选择应该不难做吧？

图 5.8　在牌照管制下，出租车数量无法根据市场需求进行调整，乘客的选择范围很小，打车、预约车都很困难，同时，大量的私家车和司机闲置，造成资源的巨大浪费。

专车里蕴含的经济学

在迅猛的城市化发展中，交通是发展的命脉。我们在感受到交通的发展已经发生了巨大变化的同时，也为道路拥堵、停车困难等问题而感到头疼。其实，要缓解交通拥堵、车位紧张等问题，有一个成本很低的方案。

大城市的购车者为什么要买车？其中一个重要原因，就是打车难。就拿北京为例，有几千万人口，但只有 6 万多辆出租车，偏僻地方不方便打车，就算闹市区，高峰时段也会出现打车难现象，等半小时才能打到车的情况并不少见。所以，对于对出租车的需求高于公交车的群体来说，即便停车困难，买车也仍然是合算的。

但是专车的出现改变了这一状况，如果放开专车，很多购车者就会改用专车。既然专车既避免了停车难，还不用自己开车，而且服务还好，价格也能接受，那为什么非得自己买车呢？让人们有比自己购车更好的解决方案，才是低成本解决拥堵和停车难的方案。老百姓对此只会欢迎，不会反对。

可惜得很，随着各地开始实行《网络预约出租汽车经营服务管理暂行办法》，对于专车的限制也越来越多，打击专车是个很深的经济学问题，牵涉很多经济学理论，这里就简单介绍两个理论。

第一个是交易费用理论。

以前打击黑车为什么有效？原因就在于有效地增加了黑车的交易费用。

所谓交易费用，就是价格之外人们付出的费用。或者说，交易一方付出了，却不被交易双方所得的费用。在出租车牌照制度下，无运营牌照的车如果想运营，会面临哪些交易费用呢？

首先，不能使用运营标志，乘客无法分辨你是否是运营车辆。以北京为例，在一些地铁站，有些妇女替黑车司机叫客，就是为了解决这个问题；还有些车在前面挂个小红灯，但这样做容易遭到打击。

其次，不能做营销，不能建立公司和品牌。不能做营销就无法让自己为更广大的乘客所知；不能建立公司和品牌就无法保证自身的服务质量、乘客出行安全，也就不能让乘客产生信任。

高额的交易费用把大部分意图参与运营的无牌照车挡在门外。同时，乘坐无牌照车的乘客，也多付了车费，因为需要对无牌照车所冒的风险进行补偿。

打车软件的出现恰好消解了这些交易费用。无牌照车不需要挂上运营标志，也能为乘客所知。打车软件的品牌提高了服务质量，增加了乘客的信任，在大幅降低人与人之间交易费用的同时，也使得牌照管制效果下降。

第二个是管制俘获理论。

管制俘获理论是斯蒂格勒提出的，该理论认为：政府管制是为满足产业对管制的需要而产生的，而管制机构最终会被产业所控制；或者说，被管制者会变得支持管制。

以出租车行业为例，出租车司机本来是被管制者，但是当他们获得牌照之后，他们就会利用管制阻止竞争者。因为他们为获得牌照投入了成本，如果新的竞争者加入，可能会导致他们无法收回成本。对已经获得牌照的人来说，他们不仅不欢迎放开牌照，还希望牌照发得越少越好，所以从各地公布的《网络预约出租汽车经营服务管理暂行办法》不难看出，里边的种种条款就是为了努力把打车软件限制在不触动管制俘获行业的利益范围内。

图 5.9 既然专车既避免了停车难，还不用自己开车，而且服务还好，价格也能接受，那为什么非得自己买车呢？让人们有比自己购车更好的解决方案，才是低成本解决拥堵和停车难的方案。

一边是科技降低交易费用，一边是某些官员抬高交易费用，交通看起来只是一个领域，其实牵涉无数人的利益。不要以为只有金融、财政等部门需要懂经济学，交通部门其实也是需要懂经济学的，不懂经济规律，自己拿个账本在办公室计算，必然会阻碍老百姓福利的提升。

谁让乡村干部阻止村民办酒席？

2016 年 12 月，某地纪委通报了一年以来整治滥办酒席工作不力的 3 起典型案例，因对村民滥办酒席不制止，村干部也受到了处分。其实，村干部也是满腹委屈，不是他们工作不力，而是他们想管也管不了。比如

2016年2月，某村村民办酒席，50余名干部职工进行劝阻，遭到村民辱骂并殴打。

这家村民办酒席，理由是小孩剃毛头。也许有人觉得，连小孩剃毛头都要办酒席，可见这里的风俗太恶劣了，老是这么浪费的话，农民如何致富？似乎乡村干部劝阻人家办酒席有其合理性。但其实，农民的日子是非常精打细算的，不会做超过能力范围的事情，太频繁的酒席肯定不会有人去参加，小孩剃毛头办酒席，必有其特别的理由。社会学者如果有兴趣，或可了解一下农村人情往来方面的调节机制。

按理来说，乡村干部深知农村情况，不会主动做出这么无聊的事。“八项规定”管的是公款花费，端正的是党员风气，并不能由此推出一个干预老百姓生活的规定。后来得知，这些乡村干部做出这样的行为，果然和该地纪委的一纸文件有关，文件中称：要求各级党委层层落实整治责任，坚决遏制全市农村大办滥办酒席之风“回潮”势头，对整治、制止不力的，对党风廉政建设第一责任人一律先免职后处理。

此前，还有某县委办公室发布的《酒席管理办法》，非国家公职人员违规的，由各村民委员会按照《村规民约》《社区公约》及群众承诺书进行处理；对违规操办酒席收受的礼金一律没收并上缴国库，操办酒席用具全部没收。

这些做法体现了两点：第一，权力的傲慢。他们并非不知道公款吃喝和老百姓自己办酒席的性质区别，但他们也没觉得干预老百姓的自由有什么不对。第二，权力滥用也是看对象的。这些土办法针对的是看起来相对无力的县镇、农村的老百姓，大城市谁敢出台这种规定？城里人大办酒席，只要不是官员身份，是肯定不会有人劝阻的。

图 5.10 “八项规定”管的是公款花费，端正的是党员风气，并不能由此推出一个干预老百姓生活的规定。

该地 50 多位乡村干部是劝阻，而不是暴力阻止，是否是因为他们知道自己于法无据呢？但是，尽管于法无据，他们可能还是相信，他们对老百姓仍然具有资源优势，名为劝阻，实际上却有威慑的意味，结果就造成了乡村干部被辱骂、被殴打的结果。

有关婚姻、爱情和性别的调控

古代由于经济不发达，如何生存比爱情更重要。而由于平均寿命低，婚龄早，子女在财产问题上缺乏判断力，因此，子女放弃自由恋爱，由父母决定嫁娶事宜，这是不得已的选择。父母处理子女的嫁娶，其实是处理财产问题。在这漫长的几千年中，尽管也有些对自由恋爱的呼喊，但冲不破包办婚姻的大牢笼。

后来，因为社会经济发展，平均寿命延长，因此男女适婚婚龄推后，爱情在生活中的重要性增强，子女们就从父母那里获得了婚姻自主权。当然，中国的婚姻自由是在西方文化进入中国后才实现的。

由于传统的“重男轻女”观念的影响，男女比例逐渐失衡，很多人尤其是育龄男女的上一代更倾向于生男婴，尽管法律严厉禁止选择婴儿性别，但私下里此风不绝。根据人口统计，新生代中，男女比例达到 118 ： 100。这意味着，再过十几年，中国将可能增加几千万名光棍。

如此的性别失衡，社会将会出现什么样的自动调节？一个朋友说，一个可能的办法是，女人的离婚率将升高，一生中将多嫁几次人，男人的“待婚”“失婚”时间将增长。当然，这种现象不可能不引起反应。就像

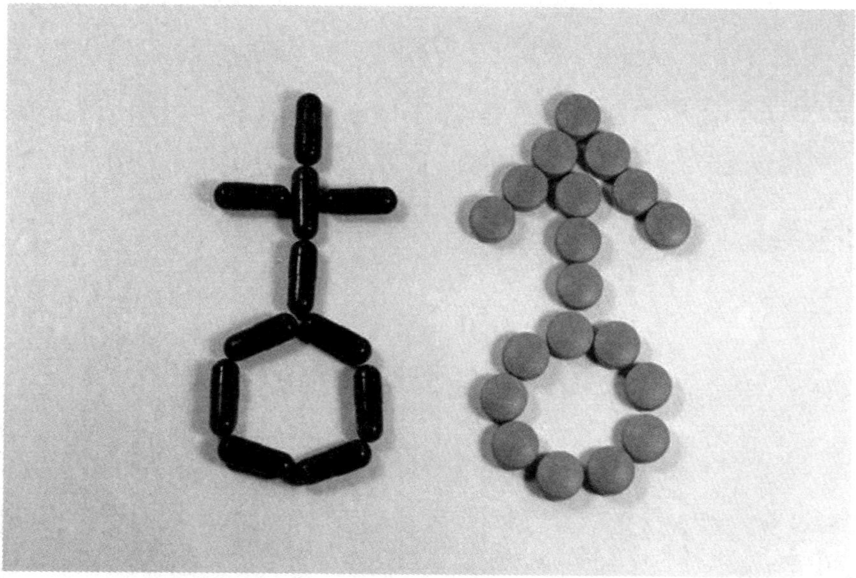

图 5.11　根据人口统计，新生代中，男女比例达到 118 ： 100，这意味着，再过十几年，中国将可能增加几千万名光棍。

在两千年前的唐代，由于杨玉环的成功上位使得“姊妹弟兄皆列土，可怜光彩生门户”，于是导致了“遂令天下父母心，不重生男重生女”的选择。因此未来将会有父母会更乐意生女孩，据说现在已经有些幼儿园为了维持男女平衡，对女婴开始有优惠，这就像大学舞厅对男生多收费、对女生免费，女性在未来会增多，但这个调节具有一定的滞后性。

对于生育调控所造成的后果，人们喜欢呼吁以进一步的调控来解决。比如，对于男女比例失衡，进一步通过禁止检查胎儿性别来实现比例协调。有一位网友建议模仿楼市打击开发商“囤房惜售”的调控思维，指出女士到了适婚年龄而不出嫁，属于“屯婚惜嫁”，应该对光棍增多的现象负责。

……

调控何其易，只要不问缘木何曰鱼！

富人为什么做慈善？

自从2008年汶川地震开始，公益慈善就成了这个社会的热点话题，慈善捐款也就变成了一件不单纯的私人事务，一种可以供众人评说的公共行为。汶川地震后，主张“员工的捐款以10元为限”的王石，因捐得少被斥为“有理性、无人性”。而2015年年底扎克伯格“裸捐”的消息也引发国内一些人的“逼捐”心理，痛斥中国企业家、富人缺乏慈善精神。

那么，中国的富人真的不热衷慈善吗？根据哈佛大学和瑞银集团的一份报告显示，2016年中国大陆排名前100位的慈善家捐献的资金总额已是2010年的3倍，达到46亿美元。在中国最富有的200人中，已有46人设立慈善基金会。

既然富人的慈善行为在增加，为什么他们还会饱受诟病，被说成“不热衷慈善”呢？我就从经济学的角度，来谈论一下这个话题。

中国社会一个显著的观念转变就是从改革之初的“羡富”变成今天的“仇富”，这是因为一些反市场的因素存在，比如通货膨胀、国进民退等，压制了老百姓的致富空间。过去羡富是因为大家都有致富的广阔空间，现在仇富则是因为致富空间变小，很多人直观上把自己的致富空间变小归结为富人的为富不仁，他们希望富人做出更多的贡献。实际上，富人在积累财富时，就已经为社会做出了巨大贡献。当然，这样说的前提是，那些财富是通过市场交易获得的。

仇富情绪导致很多人呼吁多对富人进行管制，于是一些专家学者就拿着书本教诲富人说，亚当·斯密不仅写了《国富论》，赞扬市场这只“看不见的手”，还写了《道德情操论》，来弥补市场的缺陷。实际上，这些人并没有认真地读这两本书。《道德情操论》写于《国富论》之前，“看不见的手”已经包含了亚当·斯密的道德情操理论。在亚当·斯密看来，人类天然就有同情心，正是这种人性的基本能力，使他人的幸福对我们具有充分的重要性。而在市场这只“看不见的手”的指引下，人类能更好地发挥同情心，帮助他人。慈善心本来就是人类与生俱来的，不是专家学者发明的，如果人类天生没有同情心，那么也不可能“管”出慈善心来。

并不是只有富人才做慈善，穷人一样会做慈善，但是富人做慈善的能力的确要比一般人强很多。富人做慈善有两种目的：第一，满足自己的慈善心；第二，满足他人的慈善心。因为人类普遍存在的同情心，让富人意识到，如果自己多做慈善，会改善自己的形象，赢得或者稳固客户的认可。而不管是出自内心的慈善心，还是为了树立形象，都需要真心地替穷人考虑。如果不这样，他们要么无法满足自己的心灵需求，要么无法树立起良好的形象。

同时，富人一般把善款交给专门的民间基金打理，这些民间基金之间存在着竞争，谁使用善款的效率高，谁就能获得更多的善款，竞争压力让它们不得不提高效率。并且，由于它们没有特权，因此会受到来自社会各方面的监督，他们用专业的慈善手段取代官僚习气，这是穷人的福气。

那些号称要纠正市场缺陷的专家学者，他们想的是均贫富、多征税，而这会毁掉正在发育的市场慈善机制。

在错误的导向之下，富人不能根据自己的慈善偏好选择慈善行为，那么慈善就不再是一件发自内心的事，就不能提供心灵上的满足，他们的慈善心就会受到压制，这会造成富人阶层乃至全社会道德水准的普遍下降。

同时，用重税来均贫富，其结果是降低社会创造财富的速度，从而让人们可用于慈善的资源大为减少，整个社会的慈善水平大为下降。比如，一个创业者如果只交 10% 的税，就可能创业成功，那么他既为社会创造了财富，又有了做慈善的资本。但是如果把税率提高到 30%，一个创业

图 5.12　过去羡富是因为大家都有致富的广阔空间，现在仇富则是因为致富空间变小，很多人直观上把自己的致富空间变小归结为富人的为富不仁，他们希望富人做出更多的贡献。

者就被扼杀了，那么他就既不能为社会创造财富，也不能做慈善了。

所以，人与人之间帮扶互助的行为是建立在一种自发基础之上的内心行动的体现，自然会有一种自发的规律在社会中间起着作用，但其中若是夹杂任何的强制行为，都会使之变味变质，甚至走向反面。而只有富人做慈善的环境更好，才会有越来越多的富人参与慈善事业，中国社会的道德水平才能提升。

谁说东北经济差是因为东北人观念落后

历史上，东北多是人口净流入地区，充足的人口资源使得东北在1945年以后成了亚洲最发达的地区，1949年后成为“中国工业的摇篮”。而现在提到东北，媒体更多是用“东北告急”“东北断崖式下跌”之类的词语。这并不是危言耸听，根据经济之声《天下财经》报道，2016年各省份GDP出炉，从各地经济实际增速和名义增速来看，中国经济呈现西部最快、中部次之、东部放慢、东北最弱的特征，再结合之前媒体报道东北人口连年减少，并且有加速减少的趋势，让人不禁感叹，东北到底怎么了？

东北衰落，很多人说是因为东北人观念落后、不思进取而造成的，但真的是这样吗？我不相信。

就拿《乡村爱情故事》来说，里面人物的观念相当市场化，当然，《乡村爱情故事》并不是完全符合东北农村的现实，但这部剧在东北那么受追捧，这说明剧中的观念是得到广泛认可的。

当王大拿的温泉山庄要黄的时候，王大拿、刘大脑袋想过找政府帮忙吗？他们完全是从市场中找办法。当县长齐三太干预谢广坤在家办酒时，他就直接打电话怒斥齐三太，面斥镇党委书记。镇党委书记手握“反对铺张浪费”的政治正确，也被谢广坤骂得抬不起头来。

我见过几位东北的基层干部，他们都曾酣畅淋漓地批评了某些国有机构的弊病，并且从东北人大量流出到外地来看，假如他们不思发展，为什么要背井离乡？背井离乡就是为了求发展，对不对？至少从我见过的东北人来看，我没有感觉他们的观念比其他地方的人落后。

那么，越振兴东北，东北越不振兴，原因何在呢？首先我们要把东北和上海比较一下，因为它们有很多相似之处。中华人民共和国成立初期，两地都有很好的基础，把它们称为中华人民共和国成立初期中国经济的两大支柱，一点儿也不为过。但正是因为重要，计划经济也就格外注重这两地，导致两地计划经济的影响很深。不同的是，在深圳等地改革取得极大成功之后，国家也督促上海加快改革，所以上海的形势越来越好。而东北则拖着计划经济的沉重包袱，难以追上市场经济的步伐。

别的不说，就从东北目前十分严重的老龄化来说，就是计划经济影响深重的结果。计划生育管控最严格的就是公职人员，而东北恰好国企太多。在其他地区，还可以有“超生游击队”，东北的国企职工则是不敢超生的，这就为未来的衰败埋下了祸根。

由于计划经济的包袱阻碍了年轻人发展，年轻人大量迁徙到外地，这又进一步加剧了东北的老龄化，使东北陷入恶性循环。

其实与上海相比，东北也有很多优势。资源上得天独厚，无论是农业资源还是工业资源，都令人羡慕；外贸上，海上有大连、旅顺等优质港口，陆地可与俄罗斯、蒙古、朝鲜进行贸易往来；人力资源上，东北有大量的产业工人……但这么多的资源却得不到充分利用。

难道东北不想让丰富的资源得到更高效的利用吗？难道东北人不希望东北设立比上海自贸区还要自由得多的自贸区吗？难道东北不想打造比上

海更自由的金融中心吗？……很显然，不是东北人不愿意做这些，而是被限制了，这也是导致东北经济衰退的另一个恶性循环，就是，想要振兴东北经济，需要先按照相关部门设定的调子来振兴东北，而越这样，东北越不能自由发展市场经济，于是越要等国家来振兴。

但是东北的各种恶性循环很容易被打破。

中国改革的一个非常重要的经验是双轨制。所谓双轨制，就是旧体制很难改动的时候，先允许新体制发展，待新体制发展壮大，旧体制也就好改了。

假如不为东北制订振兴计划，而是给东北更多自主权，允许东北发展更自由的边贸、金融、资源开发和流动体制，东北的新兴经济力量将会迅速壮大，国企员工寻找新的发展机会更加容易，国企改起来就很轻松了。20 世纪 90 年代，全国出现下海潮，不就是因为新机会的吸引力吗？新机会增多，国企想留住工人都留不住。如果东北振兴，东北年轻人自然也会回到这片资源丰富、充满机会的沃土。

图 5.13　别的不说，就从东北目前十分严重的老龄化来说，就是计划经济影响深重的结果。

也许有人会问：即便东北更市场化，其他地方难道不应该更市场化？假如全国都更市场化，东北会不会失去改革优势？当然不会。假如全国都加快改革，每个地方经济都得到发展，其结果是每个地方都为其他地方提供了更大的市场，别人的发展就是你的机会，最终大家都能更快发展，这才是真正的供给侧改革。

PART 06

理解商业

我们生活在一个商业社会里，绝大多数人在一家商业公司工作，因此，如何更好地理解商业，就成为每个人必修的“课程”。而且商场如战场，如果你正准备投身于商业大潮之中，却不能更好地理解商业，那么很多时候为失败所支付的“学费”会让你承担不起。本章将为你破解商学院都难以回答的“终极难题”，相信大部分人阅读完本章，会大大加深自己对商业的理解。

富士康减少加班会让谁不满？

作为一家世界代工巨头，富士康2010年过得并不平静，发生的“14连跳”事件引发社会各界乃至全球关注。虽然2011至2015年富士康采取了一系列整改措施，跳楼事件明显减少但仍未能杜绝。2016年8月18日早上，一名31岁的男性工人在结束iPhone装配线的夜班工作之后，爬上富士康位于河南郑州的L03厂房顶楼，跳楼自杀，这再次把富士康推上风口浪尖，“血汗工厂”的骂声再起。社会舆论认为，部分劳动者出现各种心理健康问题，导致过劳死或自杀现象时有发生，是由富士康等一些企业长期违法安排劳动者长时间加班所致。

但富有戏剧性的是，早在2014年10月，富士康重庆厂区爆发了一场劳资纠纷。大量工人在工业园区大门前，打着“我们不做机器人，我们要吃饭养家”的红色标语，抗议加班时间的减少。

这一下富士康的老板郭台铭就难做了！加班多，社会不满意；加班少，工人不满意。

舆论诟病富士康是“血汗工厂”的一个重要理由就是员工加班时间长。但如果加班时间长就叫“血汗工厂”，那些为备考学习到半夜的学生，他们的家庭岂不叫“血汗家庭”？但为什么没人那么叫呢？原因是，熬夜学习的学生，其潜在收益超过其付出，所以不能叫“血汗家庭”。

同理，富士康也是这样，富士康的工人为什么要求多加班？那是因为富士康员工的基本工资2000元，其余都是靠加班获得，每月工资为3000元至4000元，加班收益超过付出。假如收益不如付出，工人何必去加亏本的班？

媒体报道，富士康通过不断的工业工程优化，使员工成为精准化操作的“机器人”，通过提高效率来减少加班时长，达到降低成本的目的，富士康未必就愿意这样做，但不这样做，就得承受“血汗工厂”的骂名。

接下来富士康会怎么办？

网络段子说：“故人西辞富士康，为学一技去蓝翔。蓝翔毕业包分配，原来还是富士康。”虽为戏谑，但也表明了富士康是很多技术工人的去向。若富士康是血汗工厂，良心人士们能不能创办一个比富士康待遇更好的企业，也好让蓝翔的技术工多一个去向？

图6.1　加班这种事情，企业和员工应该自己协商解决。

老板存在的意义

成功的企业家通常会有自己的小故事，那些能够诉说他们成功之道的小故事。这些具有励志色彩的故事对于听众来说，往往有着很大的吸引力。但实际上抛开情感上的那种冲击和引导，真正的成功，真正商业上的成功可不是那些小故事带来的，而是他们的产品恰好满足了消费者的需求。然而，满足消费者是一项辛苦而漫长的工作，因而成功者很少向外人描述工作过程，宁愿把自己的成功说得具有传奇色彩。

消费者对待企业家是无情的，他们的钞票只投向最中意的产品，而不会在乎谁是生产者。然而，如果人们只在乎产品，为什么需要企业家？传统的经济学说，企业家的作用是发现利润，实现资源的高效配置，这当然是不错的。不过，经济学家张维迎提出了企业家存在的另一个意义：担当责任。

在反对市场经济的各种理论中，有一种说法是，市场存在信息不对称，因此需要政府干预。但是，市场经济理论早就指出，政府干预也无法消除信息不对称，市场自有一套解决信息不对称问题的机制。企业家就是这个解决机制中的一个环节。比如，一般人不会具备完备的电器知识，但不懂得冰箱的具体结构和生产过程，也不妨碍购买；你只需要知道你对这个冰箱是否满意就行。企业家会解决信息不对称的问题。潘石屹曾经向张维迎抱怨说，业主常常向他抱怨物业服务的问题，但是物业公司并不是他下辖的公司。张维迎告诉他：只要消费者向你抱怨，那就是你的责任；如果你没解决消费者的问题，其他人就不会再购买你的房子，因此，你要想继续卖房子，就得替消费者找到好的物业公司。

张维迎说，所谓老板，就是担当责任的人。一家企业生产了有害的产品，人们不会管具体是哪些工人生产的产品，而是会直接追究老板的责任。老板轻则赔款，重则破产，甚至还可能坐牢。在现代社会，市场规模无比巨大。你购买的产品，基本是陌生人生产的。你为什么敢于购买？是因为你知道每个产品背后，都有企业家在负责任。如果没有人负责任，你怎么敢购买完全陌生的产品？

企业家不仅对外要负责任，对内也要负责任。所谓员工，就是只要老板找不到他的责任，他就没责任；而所谓老板，则是只要找不到员工的责任，那就是自己的责任。老板雇用员工越多，也就要担越多的责任。当然，有些老板会胡乱把责任扣给员工。比如工作出现了问题，他们首先会怀疑员工偷懒，怀疑员工没有按照流程办事，怀疑员工擅做主张，怀疑员工缺乏最基本的应变能力。但是反过来说，一个老板如果在管理上漏洞百出，那么就没有办法要求员工执行得更好一些。在很多方面，老板会习惯性地追究别人的责任，尽管有时候做到权责明晰非常重要，但很多时候责任还在于老板的管理不到位，因此出现问题的时候，不能一味去批评他人，不能让自己的下属去背黑锅。如果说获得成功后，大部分荣耀归老板，那么在失败和失误的过程中，老板也应该坚决站出来承担责任。

一支部队打了败仗，有可能是因为某个细节没有做好，或者和某个士兵出现了问题有关，但是我们不能因此就将战败归咎到士兵身上，如果一场战役的失败是因为某一个士兵，这显然夸大了士兵的责任与作用。退一步来说，士兵出现了错误也是因为长官管理不善或者用人不善。在企业中，员工所扮演的角色多数时候是次要的，他们可以起到很大的作用，但绝对不会是那个决定和影响大局的人。员工有自己的责任，但是老板也有自己的责任，而且老板的责任往往更大。

有时候即使诿罪于员工，老板仍然逃不开责任，因为企业办不好，赔钱的还是老板。只有能负起更大的责任，才能赢得更多的顾客，才能雇更多的员工，企业才能发展得越好，从而形成一个良性循环。《蜘蛛侠》中的名言，“能力越大，责任越大”。

市场经济鼓励创业，而创业者首先要准备面对的，就是消费者和员工无情的目光。如果他们想要成为合格的老板，想让自己的事业更加成功，那么就需要想办法做到负责任，这种责任感来源于老板所处的地位、所应该具备的能力以及价值。

图 6.2　所谓老板，就是担当责任的人。一家企业生产了有害的产品，人们不会管具体是哪些工人生产的产品，而是会直接追究老板的责任。

王卫发红包的情怀与现实

2017年2月24日，“不上市”的顺丰也上市了，顺丰控股在深交所举行重组更名暨上市仪式，上市公司名由鼎泰新材更名为顺丰控股。之后不久，顺丰老板王卫豪掷十多亿给员工发红包，根据工龄等标准，金额从1888元到1.5万元不等，覆盖约40万人。

王卫的豪气瞬间火爆朋友圈，甚至超过了顺丰上市的关注热度，人们纷纷感叹王卫是“中国好老板”，顺丰是“别人家的公司”。

接着又有知名“大V”收到粉丝爆料，王卫给员工发红包是自掏腰包，没想到现金根本不够，还去借了一部分钱。虽然不知消息的真假，但还是瞬间在网络上疯传，网友更加感叹：“跟着这样的老板，员工那不得拼命干。”“顺丰能做到基本零差评，是有原因的。”

如果消息属实，那么王卫为什么借钱也要给员工发红包呢？

首先，顺丰筚路蓝缕20多年创造的财富，仍然留在企业的财富循环中，来服务消费者、服务员工，王卫本人并不可以随意支取。王卫希望和员工分享财富，同时企业又要继续服务消费者、员工，所以自掏腰包甚至借钱来发红包，体现的正是企业家看待财富的态度。

王卫曾经说过，一个人所拥有的财富和他的品格、素养不成正比的话，是一件相当可悲的事。而像王卫这样懂得分享财富的企业家，还有很多。东南亚金融危机时，李嘉诚公司旗下的员工养老金亏损不少，李嘉诚自掏腰包帮助员工补足养老金；联想集团董事长兼CEO杨元庆也曾数次自掏腰包，激励一线员工；小米的董事长兼CEO雷军也有过自掏腰包发奖金的行为。

也许有人会问，上市之后，王卫的身价超千万，成为“中国第四富”，怎么还要借钱来给员工发红包？

人们对企业家创造的财富一直有一种误解，大家很容易把企业家创造的、可以控制的财富，当成他们可以享用的财富，其实这是一种误解。因为在财富积累到一定程度之后，企业家创造的大部分财富，会继续投入企业的财富循环，来服务消费者、帮助员工增加收入，从这个角度看，企业财富和企业家个人支配、享用的财富不是一个概念，企业的财富是一种在全社会范围内共享的生产型财富。

如今顺丰上市成为公众公司，财务上也会变得更为规范。假如王卫动用公司财富来发红包，倒有慷其他股东之慨的嫌疑。

另外，股市财富其实只是对未来的贴现。经济学家陈志武曾举例说明股市财富的真相："现代社会的财富内涵跟传统社会很不一样。前者更多反映对未来收入的定价，后者更多是反映对过去收入的累计。比如说马化腾，他个人财富可能值一两千亿元人民币，但那些财富主要是腾讯股票，而股票所表现的价格，是市场对未来收入预期的贴现值，是对未来收入做定价的结果，跟传统意义上的真金白银不一样。"

随着上市后顺丰股票大涨，王卫持有股票的估值也超过 1500 多亿元，但这 1500 多亿元财富只是资本市场对顺丰未来预期的贴现的结果，并不是已经积累了的真金白银。另外，王卫的股票都是锁定的，他并不能将股票套现。从公开信息看，也没有发现他将股票抵押。发红包需要的现金不是一个小数目，所以王卫要去借款。

看来这波红包雨，王卫考虑的方面也很多。从一定程度上看，王卫自掏腰包给员工发红包，体现了他乐于分享财富的精神，同时他个人在财务上也承担了不小的风险。公众只看到王卫财富数字的快速增长，没看到王卫个人承担的风险，无疑是不全面的。

图 6.3　王卫希望和员工分享财富，同时企业又要继续服务消费者、员工，所以自掏腰包甚至借钱来发红包，体现的正是企业家看待财富的态度。

公司内部的福利错觉

俗话说“天下没有免费的午餐”，但是在某跨国企业，不仅免费提供午餐，而且还是价值不菲的高档午餐。有人认为这是明智的选择，因为高档午餐能让员工有自豪感，有助于留住员工，降低人员流动率。从表面上看，似乎是这样的，但是，由于午餐人人都享有，无法形成差别激励。有人说，从所有人的基数里提出一笔钱办午餐有什么不好？实际上，这么做是同等减少所有人的选择自由。经济学家相信，现金意味着效用最大，因为持有现金选择最多。总之，提供高档午餐的这笔钱，并没有发挥最大的激励效应。

这里讨论的是实物福利激励，公司组织团购，其作用是降低交易费用，不在讨论之列。团购和实物福利的区别是，团购是自愿参加，不愿意参加的员工可以保留现金，而实物福利则是公司无差别地提供，员工只有不享受该福利的自由。

对于高档午餐来说，不能只看到它好的一面，而是应该多方面考量。想一下这种情形：该公司陷入财政困难，跟员工商量说，取消午餐还是削减 1500 元工资（假定该午餐市值 1500 元）？员工多半会选择取消午餐。

其实也不必设想这种极端情况，看看员工的日常反应就可。很多人因为外出错过公司的免费午餐，还有人会因为口味不对自己花钱去外面吃。但是，如果公司提供的不是免费午餐，而是午餐补贴，谁会放弃领取补贴呢？有的公司提供免费宿舍，但却有员工自愿到外面租房子住，他们并不会觉得，比起住宿舍的同事来，自己受到了不公平的对待。但是，如果公司不提供宿舍而是发住房补贴，被漏发的人将会非常愤怒，这就是现金为王的道理。

员工说实物福利好，是因为另一种选择——现金，并没有摆到他们面前来。这种福利错觉和社会层面的福利错觉是一样的。

问题是，这种福利错觉能够刺激公司发展吗？人们的行为并不会完全跟着错觉走。比如公交补贴，会吸引更多的人去挤公交车，但人们也会因为多交税而骂骂咧咧。福利错觉从来不能刺激经济的发展，在公司内部，福利错觉也不会有效。留住员工的不是高档午餐，而是公司为此多付出的费用。如果把这些费用直接发给员工，也许能进一步降低人员流动率。

部分观察者认为，既然不少公司管理者选择实物福利，说明这是管理者的理性选择。但是，一项实物福利制度的产生，也许是因为管理者某种无意识倾向，也许是由于某种僵死的制度。

在跨国公司和上市公司中，福利最普遍，因为大公司更容易官僚化。它们在薪资调整方面反应更慢，而在费用控制方面更低效。在一些上市公司，随便找个出差的理由，就可以享受一次公费旅游。当然，如果某个员工今年减少了公费旅游的次数和费用数额，他并不会觉得不满，但如果是减少同等数额的薪水，那感受就不同了。

在计划经济时代，国有企业往往要承担很多社会功能。理论上，这些功能都很有意义：解决了职工的后顾之忧、让职工更安心于本职工作等。现在，恐怕没几个人认为这些理论是成立的吧？但是现在这些理论由大公司的人力资源部门发扬光大了：公司多为员工提供福利，就可以让员工心无旁骛地好好工作。有趣的是，福利公司也出现了和国有企业类似的一些现象。比如那家提供高档午餐的跨国公司，就有员工把父母的晚餐都打包回家，这和国有企业员工往家里拿东西类似。

福利主义也许让大公司招到的人才平均水平降低了，也许影响了员工效率的发挥，但谁在乎呢？因此对于福利倾向强烈的管理者，我有个建议，请记住，从来不会有员工私下说：“老板发那么多钱干吗？不如多请吃饭。”

图 6.4　员工说实物福利好，是因为另一种选择——现金，并没有摆到他们面前来。这种福利错觉和社会层面的福利错觉是一样的。

人们需要威尼斯商人

在莎士比亚的名著《威尼斯商人》中，有一个经典的吝啬鬼形象，他发放高利贷，而另一角色安东尼奥放贷不要利息，于是他设计害安东尼奥，但最终却受到了惩罚，财产一半充入公库，一半归安东尼奥保管，他就是夏洛克。

对于夏洛克赔了夫人又折兵的悲剧结局，很多人读后不仅不同情，反而会大声叫好，由此可见憎恨放高利贷者是大家的共识。很多人认为，在别人最急需钱的时候放高利贷，这是乘人之危的不道德行为。在这种仇视情绪的推动下，很多国家出台法律，规定高利贷不是合法债务，可以不偿还，于是，放高利贷的人似乎变少了。

放高利贷的人少了，这让那些仇视高利贷的人满意了，但却让那些急需贷款以渡过难关的人遭殃了。一个人借高利贷的时候，通常是他最急需贷款又没有其他门路的时候，否则，他也不会去借，堵住了高利贷，实际上是堵住了他最后的希望之路。

当然，高利贷并不会因为法律约束而绝迹，它会转入地下，由黑社会来放款、催款。由于放高利贷的风险增加，同时高利贷的供给又减少，地下高利贷的利率比以前更高，这也就意味着，那些急需借款的人不得不付出更高的成本。于是，一条本来旨在帮助“遭受高利贷盘剥”的人的法律，其结果却是害了他们。

经济学不研究道德问题，但是它可以为道德判断提供分析工具。经济学研究目的和手段是否一致，借助它的这个功能，人们可以看到，很多基于良好的道德愿望的手段，其实和目的背道而驰。

一般来说，借高利贷的人，多数不会反对高利贷。反对高利贷的，恰恰是那些旁观者，那么放高利贷者和反高利贷的旁观者，谁更道德？仅仅从言辞上看，似乎旁观者更讲道德，但从其手段违背目的来看，旁观者则未必是道德的。这样的例子还有不少。

19 世纪，爱尔兰发生大饥荒，很多爱尔兰穷人把自己卖给船长做奴隶，船长把他们运到美洲再转卖来牟利。在痛恨奴隶制度的人看来，船长们的做法无疑是非常可耻的。但问题是，如果禁止船长们这么做，谁又会驾船横跨大西洋把饥荒中的爱尔兰穷人运到粮食充裕的美国呢？因为在那个年代，横跨大西洋的成本非常高。

从经济学角度考虑问题，和简单的道德判断大异其趣。道德判断者可以粗暴地说支持或者禁止某事，但经济学者还得考虑，如何激励人们为他人解决困难。怎样才能让急需贷款的人借到贷款？怎样才能让船长们把爱尔兰穷人运到美洲？从这些角度去看问题，就会得出与简单的道德判断不一样的结论。

孔子对中国人的道德传统有最重大的影响，然而，他在做道德判断时，并不简单了事，由于他洞悉人的心理，他得出的结论往往也符合经济学的原理。

《吕氏春秋》记载："鲁国之法，鲁人为人臣妾于诸侯，有能赎之者，取其金于府。"孔子的弟子子贡从他国赎回鲁国人，却不去政府领取赎金，孔子说："子贡错了。从今后，鲁国人不会赎人了。"因为，有子贡的行为在前，后来者如果去政府领取赎金，就显得不够高风亮节；但不领

图 6.5　经济学不研究道德问题，但是它可以为道德判断提供分析工具。经济学研究目的和手段是否一致，借助它的这个功能，人们可以看到，很多基于良好的道德愿望的手段，其实和目的背道而驰。

取赎金，谁又有积极性老去赎人呢？孔子的另一个弟子子路救了溺水的人，别人为了谢他送他一头牛，他接受了，孔子赞扬了他。

孔子的话充分表明一个务实的人是如何看待道德问题的。自私并不意味着不道德，而大公无私也未必就是道德。在很多情况下，自私恰恰是更道德的行为，因为自私往往使得资源流向更急需它的地方。

说了这么多，并不是说利他的行为是不好的。利他自有其价值。但是，手段和目的不一致的利他，则常常是损人不利己的。无论是自私，还是利他，尤其重要的一点，就是不干预自愿的交易。旁观者身不在局中，却自以为是，干预这个，干预那个，这是非常害人的。

你比李泽楷更有可能成为“超人”

中国有一句俗语，叫“富不过三代”。做父母的白手起家，辛苦打拼积攒下万贯家财；做儿子的虽然没有父母能赚钱，但却比父母会花钱；孙子一代则更会花钱，完全是纨绔子弟的作风，甚至有些马上就把全部家产败掉了；轮到第四代曾孙一穷二白，又开始勤俭持家，积攒出不菲的家产，如此循环往复。

20 世纪著名的经济学大师米塞斯对这一现象的解释是，企业家才能是一种特殊的才能，只能在实践中学习，而无法通过语言教给下一代。这一解释比较合理，它尤其能解释那些并不骄奢淫逸、娇生惯养的企业家后代的衰落，但是，仍然不够全面。而米塞斯提出的一个概念——消费者主权，倒是可以更好地解释这个现象。

所谓消费者主权，是指消费者通过其购买行动，决定着资源该在何时使用、该满足更远的还是更近的欲望，也就是决定着资源流向何方。企业家则努力预测消费者的需求，等待消费者的挑选，那些有幸被消费者挑中的企业家就能发家致富，这和企业家具有多少知识、道德有多高尚都是没有多大关系的。

一个人即使拥有非常高超的制造 BP 机的本事，他也无法发财，因为消费者早就抛弃了 BP 机。中国乒乓球队横扫全世界，但几个主力队员的收入加起来，恐怕也比不过篮球明星姚明，这也是因为消费者愿意为看姚明的比赛多花钱。任何一个企业，今天被消费者抛弃，明天就得准备关门。

消费者是冷酷的，即使他们希望听到企业家一代更比一代强的传奇故事，但是当他们购买时，他们已经把这个愿望抛到九霄云外去了。他们会耐心地比较产品的质量和价格，会热情地追逐更新、更好的产品，而不会关心生产这些产品的企业家的命运。他们听到某位企业家失败的故事，也许会付之一叹，但却不会用实际的购买行动去拯救企业家。

在消费者主权冷酷的法则下，即使企业家能够把自己所掌握的全部市场经验都传授给子女，即使他们把子女送到商学院去深造十年，又能怎么样呢？过去的成功，并不能延续到未来，只要其他企业家生产出更好、更新、更廉价的产品，消费者就会毫不犹豫地奔向其他企业家。

设想一下，如果企业家能活 200 年，那又会出现什么情况呢？很显然，即使他的才能毫不衰退，他也有很大的概率遭遇失败。企业家运用自己的才能，一辈子能把握住几次讨好消费者的机会，就很难得了，因为总有其他企业家在某个时候更能讨好消费者。如果企业家能活两百年，人们就会改口说“富不过一代”。即使在目前的寿命条件下，仍然有很多企业家成功了，又失败了，有的还成功失败很多次，这就是消费者主权的冷酷所在。

当然富二代仍然拥有常人所不具备的优势，他们拥有雄厚的资本和人脉，只要他们谨慎经营，还是能够延长富贵生活的时间。甚至还会有一部分人超越父辈，这当然不是因为他们比其他富家子弟更优秀，而是因为他们有幸把握住了消费者的喜好。

但超越父辈的人还是很少的，更多富家子，如果能得到一句“创业不足，守成有余”的评语，就算不错了。他们不服气也没办法，因为并不是他们厉害的父辈或他们自己在决定这一切，而是消费者在决定这一切。

这正是市场魅力之所在，任何人，只要你的产品讨好了消费者，你就可以取得成功。即使李泽楷从小就跟在李嘉诚身边，即使李泽楷去美国读了商学院，你仍然有理由相信，下一个李嘉诚有可能是你，而不是李泽楷。

图 6.6　所谓消费者主权，是指消费者通过其购买行动，决定着资源该在何时使用、该满足更远的还是更近的欲望，也就是决定着资源流向何方。

广告也是生产

曾几何时，电视台在播放电视剧时实行“买一赠一”，一集电视剧附赠半小时广告，这让那些热爱看电视的人不胜其烦，有些人为了避免看广告浪费时间，不得不选择到视频网站追剧。于是广电总局下令，要求全国各级电视台播出电视剧时，禁止以任何形式插播广告，并在 2012 年 1 月 1 日起正式执行，这让许多忠实的电视观众纷纷叫好。

许多人之所以讨厌广告，一方面是因为耽误自己看电视剧了，另一方面是认为广告的作用，无非是宣传产品，抬高价格，因为广告费用总要加到卖价里去的。其实这种理解是有误的。有一个经济学问题：广告是否增加了产品价值？人们一般会回答：没有。一件东西生产出来之后，其价值已经确定，难道广告还能增加它的价值？

一般来说，人们把生产理解为制造某件产品，比如工人制造出汽车，农民种出粮食。而商场售货员、饭店服务员、广告设计人员的工作，则被称为服务。但是在经济学上，生产的概念要大得多，服务也是一种生产。

所谓生产，是指人们对物品施加劳动，使物品的效用增加。劳动往往要借助一定的资本进行，效用是指物品满足人的欲望的属性，它取决于不同的人对物品的不同的主观评价。那么，问题来了：饭店服务员让食品增加了什么效用呢？难道食品的效用不是由厨师增加的吗？服务员并没有让食品改变什么啊！

服务员当然对食品做了改变——他们改变了食品的位置。经过他们的劳动，同一道菜由厨房里的菜变成了餐桌上的菜，这是两个不同的产品。这句话听起来不好理解：它还是同一道菜，只是端到餐桌而已嘛，怎么就变成了不同的产品呢？是的，菜没有变，但客人对菜的评价变了。在客人看来，虽然是同一道菜，但厨房里的菜是“需要端出来再吃的菜”，而餐桌上的菜则是“马上就可以吃的菜”。如果服务员不替客人端出来，客人就要自己去端出来，才能享用菜的效用，所以对客人来说，餐桌上的菜，其效用要大于厨房里的菜。

人们对不同物理位置的物品，其评价往往是不同的。已经挖出来的煤，其价值大于深埋在地底的煤；已经摆在大商场里的商品，其价值大于还没运出工厂的商品……鲁迅先生说：“北京的白菜运往浙江，便用红头绳系住菜根，倒挂在水果店头，尊为‘胶菜’；福建野生的芦荟，一到北京就请进温室，且美其名曰‘龙舌兰’。”白菜和野生芦荟，既有物理位置的改变，又有广告的吹嘘，其价值已经和它们在原产地时大不一样了。

除了改变物品的位置，改变人们对物品的认知也会改变物品的价值。比如，过去巫师画一道符，那价值是很高的，但当更多的人意识到巫师是骗人的时候，价值就会大减。凡·高的画当年无法支撑他的生活，但当他死后被后人捧起来以后，他的画养活一万个凡·高都没问题。几百年前，西方人只是把西红柿当作有毒的观赏品，自从一个勇敢的画家尝试吃了一口之后，它的营养含量和美味就被发现了，这大大提高了西红柿的价值。

广告的作用就是改变人们对产品的认知。一件产品被生产出来，它就有了满足人们欲望的某项使用属性，但这一使用属性不一定广为人知。通过广告，更多的人了解到它的使用属性，这就增加了商品的价值，因此人们看广告之前，和看广告之后，对该产品的评价也是不同的。

但那些垃圾广告呢？它们难道不是降低了一部分人对产品的评价吗？的确，就像有失败的制造一样，也有失败的广告（这里说的失败是指其回报不能弥补其投入）。但失败广告的存在，只能说明广告主投入失误，广告的目的是增加商品的价值，而且也往往成功地实现了这一目的，这不会因为失败广告的存在而改变。

图 6.7　广告的作用就是改变人们对产品的认知。一件产品生产出来，它就有了满足人们欲望的某项使用属性，但这一使用属性不一定广为人知。

麦当劳第二杯饮料半价的背后是经济学博弈

作为全球大型跨国连锁餐厅，麦当劳的价格策略，一直是被广泛讨论的话题，尤其是关于麦当劳的饮料长期第二杯半价的优惠活动，各种观点一直争执不休。

针对麦当劳的这一价格策略，网上有一种解释："对于麦当劳而言，一杯饮料的成本包括了店租、水电、人工和原材料，你在买第一杯的时候已经把这些费用都分担了，后面半价的第二杯只需要原材料的成本，即为边际成本，而这个很低。所以也许第二杯麦当劳从你身上赚的钱更多。"

对于这个观点，经济学家许小年是反对的，他说："这是因为消费者的边际效用递减，而不是企业的边际成本递减。喝了第一杯之后，不那么渴了，第二杯饮料带来的满足感低于第一杯。"

第一个解释符合大多数人的直观思维，但它却是错误的。定价并不是由成本决定的。你在山上捡到一颗市价 10 万元的钻石，你不会因为获得它的成本很低，就 10 元钱卖掉它。你仍然会把它卖给出价最高的人。同样，麦当劳不会因为第二杯饮料边际成本低就卖半价，它之所以卖半价，是因为消费者不肯为第二杯饮料出高价。

麦当劳从消费者喝的第一杯饮料中赚得最多，当然麦当劳并不满足于只赚第一杯的钱，对它来说，能多赚一点儿是一点儿，但是消费者已经不肯为第二杯饮料付同样多的钱，因此麦当劳采取了差别定价的策略，这就是所谓的"价格歧视"。在经济学里"价格歧视"是一个中性词，因为它可以造福四方，比如第二杯半价对麦当劳和消费者都是有好处的：消费者以更低的价格享受到了第二杯饮料，麦当劳也多赚了钱，双方都获得了实惠。

价格歧视在生活中非常常见，比如在很多超市，有会员卡的顾客和没会员卡的顾客，购物的价格不一样，这就是一种价格歧视，但人们不会觉得会员享受更低价格有什么不公平。

对生产者来说，他们总是希望赚取任何层次的消费者的钱，假定一项产品从 10 元到 100 元，都有人愿意消费，如果定价 100 元，固然能赚取较高的单位毛利，却会吓跑低价位的消费者；如果定价 10 元，留住了低价位的消费者，却没有充分赚取到高价位消费者的毛利。在这种情况下，对生产者来说，最佳策略是针对不同的消费者采取不同的定价。

如何区分不同层次的消费者，就是一个技术问题了。在市场中，产生了很多区别不同消费者的办法。比如上面提到的，麦当劳以第二杯来区分消费者，超市以会员卡来区分消费者。而在一些国有垄断领域，生产者完全没有歧视定价的权限，却产生了“价格听证会”这种怪胎。企业要涨

图 6.8　在经济学里“价格歧视”是一个中性词，因为它可以造福四方，比如第二杯半价对麦当劳和消费者都是有好处的：消费者以更低的价格享受到了第二杯饮料，麦当劳也多赚了钱，双方都获得了实惠。

价，需要有关部门召集一堆人进行价格听证，来确定其涨价是否合理。听证的重点，就是企业的生产成本，由此可见，“成本决定价格”的做法深入人心。

这种根据成本来裁决价格的听证会，会产生什么后果呢？以水价为例，假设所有人的用水是统一定价的，但是有很多低收入的老百姓，不愿意看到水价上涨；但如果自来水定价低，耗水量大的富人，就会对水价不敏感，这就会造成大量的浪费，所以自来水公司不能定价太低；但这又抬高了穷人用水的成本。

相反，如果允许自来水公司定价，自来水公司就既可以从富人那里赚取较高的单位毛利，也可以留住只能提供较低单位毛利的穷人。至于定价的办法，可以由自来水公司自己研究，比如已在全国实行的根据用水量进行阶梯定价。当然，效果怎么样，还得生产者自己去判断。

赌博不是零和游戏

2016 年 2 月 8 日上映的《澳门风云 3》，豆瓣电影评分低到 3.9 分。豆友们更是骂声一片，但是却也收获了将近 12 亿元的高票房，观看这部影片的有很多是中年人，很显然他们看的是一种怀旧的情怀。香港赌片，可以被奉为这代人的经典记忆，然而时光匆匆，随着那个年代的人一起成长、老去。

香港赌片的流行，也间接说明在那个时代赌博是人的普遍心理，有些人比别人更偏好风险，赌博给了他们选择偏好的机会。

一般来说，赌博被看成“零和博弈”。所谓“零和博弈”，是指参与博弈的各方，在严酷竞争下，一方的收益必然意味着另一方的损失，博弈各方的收益和损失相加总和永远为“零”。总金钱数不会增加，永远不会创造新的财富，其实，这种说法是对赌博的误解。

的确，从结果上看，双方输赢相等，金钱只是发生了转移，但是，这并不是说赌博在整个过程中都不产生财富，它的财富产生在最终结果之前。

赌博产生的财富就是“机会”，赌博的参与者购买的是赢钱的机会，同时也为别人提供赢钱的机会，在这个过程中，双方都得到了满足，这种满足就是一种财富。

赌博中非常强调“信用”，对真诚热爱赌博的人来说，如果他赌输了，他不会反悔，因为反悔就意味着没有人和他赌下一次。很多赌徒在赌场外人品一般，但在赌场内反倒非常守信，他们常常把赌品看得高过人品。在小说《绝代双骄》中，就描绘了一个极端守信的赌徒轩辕三光，对他来说，输赢不重要，只要能赌就令人高兴。

图 6.9　香港赌片的流行，也间接说明在那个时代赌博是人的普遍心理，有些人比别人更偏好风险，赌博给了他们选择偏好的机会。

赌博是一种需要，满足这一需要和满足其他行业的需要一样，要有专业的企业家。赌博界的专业企业家就是组织赌局的，哪怕是小范围的打麻将，也会有比较活跃的组织者，只是大家没有把他们当企业家看而已。

组织成千上万的人参与的赌局，比如香港的赛马，对专业技能的要求不逊于任何精英行业，赌博企业家必须不断迎合顾客需求，并且让千万顾客相信他们的诚信。

在很多国家，政府是垄断赌博行业的。赌博不是零和游戏，千万别异想天开地认为靠赌博来发家致富，因为这是违背社会发展规律的。

永不服“输”的股民

2015年的股市，无论是对新股民还是老股民而言，都是一个难忘的年份，因为股民经历了“完整股市人生”。在这一年里，A股市场上演了大起大落的悲喜剧，沪指最高一度冲到5178点，最低也下探到2850点，中间更是出现过千股跌停、千股停牌、千股涨停等股市奇观。面对越来越差的市场行情，有相当一部分股民开始将四处打探消息作为买股的依据，虽然屡战屡败，赔了钱的结果已证明这些消息是不可靠的，却仍乐此不疲……

在前面我们提到过政治学家罗尔斯的一个著名假说——“无知之幕”，并列举了一些生活中的无知之幕，炒股同样也是这样。股民进入股市以后，是大赚特赚，还是大败亏输，这是不确定的。假定有人出台规定，将对炒股获利高的人征收重税，补贴那些炒股赔了的人，以使得大家炒股收入差距不要过大，股民将会如何反应呢？相信很多股民会退出！这再一次证明罗尔斯的无知之幕假说以及由此推导出的福利主义并不成立。

股民为什么愿意承受风险，而不愿意加入一个拉平差距的股市？因为企业家精神深埋在每个股民的心底，冒风险，有赚大钱的可能；降低风险，赚大钱的可能性却变低了。一个不鼓励企业家精神的股市当然留不住企业家。

炒股的人也是企业家吗？是的。最早阐述企业家精神的奥地利学派①认为，每个人都要做决策，而每个选择都是有风险的，因此，每个人都具有企业家精神。而对于上市公司的总经理来说，是万千股民雇用了他，股民通过股票这一形式联合起来当老板，股民才是企业家。而整个市场经济就是由无数的具有强烈的企业家精神的人来保持活力的，也正是这种发自于人性的企业家精神，才使得股民永不服输。

正是通过这种企业家精神，资源被高效地配置到消费者需要的地方。股民企业家并不是根据已知结果来购买股票的，而是靠判断企业的趋势来购买股票的，对于他们认为有前途的企业，即便目前并未盈利，也会慷慨地投入自己的资本。这样一方面增强了企业的融资能力，促进了企业的发展；另一方面使过去的投资者得到回报，进一步激励了他们的企业家精神。

股民企业家的判断不是瞎判断，由于这种选择的后果是体现在真金白银上，因此他们要猜测消费者是否认可一家企业的方向、价格等，消费者的选择，就是他们的选择。

文章前面提到的那些天天打探消息，并不关心企业本身发展前景的股民，给人的感觉似乎不是企业家，其实他们仍然具有企业家精神，只不过这种企业家精神被扭曲了。

---

① 奥地利学派：近代边际效用学派中最主要的一个学派。产生于19世纪70年代，流行于19世纪末20世纪初。

图 6.10　炒股的人也是企业家吗？是的。最早阐述企业家精神的奥地利学派认为，每个人都要做决策，而每个选择都是有风险的，因此，每个人都具有企业家精神。

每个人爱狗的方式都不同

2017年6月21日，备受争议的玉林“荔枝狗肉节”如期开幕，由于在这一天会杀掉大量的狗，所以从2010年开始，爱狗人士和吃狗肉一方的争斗总会在这一天处于舆论的风口浪尖，而且有愈演愈烈之势，争议不断。

爱狗的人（不是爱狗肉的人）反对他人吃狗肉，这是一种很容易理解的情感，因为从古至今，狗一直就是忠义的象征，我们把“狗不嫌家贫”的忠诚精神与“儿不嫌母丑”对等起来；义犬救主的故事在古人笔记小说和民间传说中经常可见。但是，如果试图把这种可以理解的情感诉诸立法，可能就和经济学思维产生矛盾了。

当今世界，动物保护主义者和经济学者发生冲突已经不是什么新鲜事了，在《一堂别开生面的经济学课》这篇文章里，有下面这样一段话：

“（在津巴布韦）他们给予村民对来到他们的地界观看大象的游客收费的权力。他们还可以向捕杀大象的猎人收费。当村民们可以从活着的大象身上获得好处而不是从死象上获得好处后，他们的动机就发生变化了。他们就想让大象越多越好，这样他们就可以向游客或猎人收取更多的费用。于是他们为大象留出更多的生存地带，他们积极配合警察阻止偷猎。尽管允许捕猎，津巴布韦的大象数量却一直在上升，而同一时期非洲所有的大象总数都由于偷猎而下降了一半。”

经济学者赞同把大象的产权界定给村民，因为这可以让大象数量增多；动物保护主义者反对杀死任何一头大象，结果大象的数量不断下降。这不是情感的区别——经济学者也喜欢大象，这是思维方式的区别。

像猫狗这类宠物，多得泛滥，似乎没有这种思维方式的冲突，其实不然。与野生大象不同，猫和狗已经被界定为它们主人的财产（流浪猫、流浪狗除外）。经济学者会保持尊重产权的一贯思维，赞同主人对其财产的处分自由，包括吃它们的肉，而动物保护主义者却会对此火冒三丈。

我建议他们看看学者摩罗的观点。摩罗写过一篇文章，说看到别人养宠物犬很遗憾，觉得把这笔钱用于救助穷人会更好，摩罗有对穷人的同情心，但这同情心并没有泛滥到要侵犯产权的地步，他同样认为养宠物犬是他人的自由。

法律不能在宣称保护产权的同时，又去侵犯产权。警察不能冲进热爱宠物的人们家里，禁止给猫狗吃那么好的猫粮、狗粮，让他们把钱省下来给乞丐。同样，警察也不能去干涉他人吃狗肉。经济学者对动物保护主义

图 6.11　经济学者对动物保护主义者的建议是，如果你想保护某只动物，就去把它买下来，而不是禁止它的所有者吃它。

者的建议是，如果你想保护某只动物，就去把它买下来，而不是禁止它的所有者吃它。但是极端动物保护主义者却以推动立法禁止吃狗吃猫为己任，他们把对宠物的感情置于产权之上。在很多国家，他们成功了，这些国家立法禁止吃猫狗。

中国目前还没有禁止吃狗吃猫的立法，但有些极端者已经采取行动了。比如我们经常能看到媒体报道志愿者拦截"贩狗"车、"贩猫"车，但是他们是否意识到自己已经侵犯了贩运者的财产权呢？也许在他们眼中，意图吃他们热爱的动物就是罪恶，和这些人还谈什么财产权。我觉得更好的方式是他们自己掏钱买下被拦截的那车猫或狗，但他们似乎把自己热爱动物、他人承受财产损失视为理所当然，这是很可悲的。

万科的真正价值真的在于管理团队吗？

2017年6月30日，万科2016年度股东大会举行，在这届股东大会上，将选出万科新一届董事会成员。结果当场揭晓，第一大股东深圳地铁提名的11人均当选，组成新一届董事会。

在股东大会结束后进行的董事会会议中，郁亮当选万科董事会主席。在不少业界人士看来，创始人王石彻底离开，郁亮顺利接棒，标志着已持续近两年的万科股权之争告一段落。

回顾万科股权之争，当初很多人认为，万科能从一家地方性房企成长为世界500强企业，万科管理团队功不可没。而一旦万科管理团队未能阻击宝能系，很可能会导致万科管理团队集体出走，失去了现有管理层的万科，将是一个没有灵魂的万科，万科很大可能性从此走向平庸。

我并不赞同这个观点，先问一个问题：你觉得万科的管理团队和茅台的管理团队谁更优秀？我的回答是：茅台的管理团队是否优秀我不知道，但我知道，没有人会说，茅台的管理团队是茅台的灵魂，换了管理团队茅台就不行了。

再问一个问题：你觉得茅台的品牌价值更高，还是万科的品牌价值更高？我不知道有多少人会回答万科的品牌价值更高，我自己是认为茅台的品牌价值更高。

再问一个问题：如果姚振华也觉得离了万科的管理团队万科就不行了，他为什么还要在王石反对的情况下，花几百亿成为第一大股东？万一王石带领管理团队出走呢？姚振华岂不是要赔死？而且后来恒大也加入进来，这些民营资本为何不管王石的“不欢迎民资”宣言？他们真的是“人傻钱多”吗？

其实真相只有一个：认为万科的价值在管理团队的，是经济学的外行。

以茅台这么硬的品牌来说，大家都明白，换不换管理团队，影响都不大，何况万科呢？

原因在于，当一个品牌价值巨大时，等于经营者在消费者那里质押了一大笔钱，当经营者不好好维护品质时，他们就会损失这一大笔钱。

假设姚振华现在已经控制万科，王石带领团队出走，你还相信万科房子的品质吗？不管你信不信，我会相信。因为，姚振华花了几百亿购买万科股权，如果他不维护品质，他将损失几百亿。而房地产维护品质困难吗？不困难，太多的专业人士可以做到这一点。

就像肯德基老爷爷早就不在了，消费者仍然相信肯德基的品质，难道哈兰·山德士不比王石更是灵魂人物？这就是经济规律。

图 6.12　其实真相只有一个：认为万科的价值在管理团队的，是经济学的外行。

当然，如果姚振华的管理团队实在太糟糕，那确实也可能会发生毁掉万科品牌的情况。但姚振华不会不尽力维护品牌租金，这是肯定的。就像茅台的品牌不管卖给谁，谁都会好好维护一样。哪怕自己没有能力维护，也会转卖给其他人，以获取最大收益。

当然，管理层的动荡会损害公司利益，所以购买者一般也会避免这一点。但是管理层的动荡损害不了公司的核心利益，公司的核心利益是靠经济规律来支撑的，正是因为姚振华、许家印这些生意人懂得这个道理，所以他们敢于出手。

不过，这一切都只是猜测，随着万科新一届董事会换届尘埃落定，王石归隐，郁亮登场，这艘“万科”号巨轮的新舵手，能否驾驭得好，又能航行多远，驶向何方，让我们拭目以待。

商品质量仍然靠市场

每年的 3 月 15 日是“国际消费者权益日”，全世界在这一天宣传消费者权益保护相关知识和案例，国内则以央视的“3·15”晚会大量曝光侵犯消费者权益的企业为主要方式。每到这一天，国内商家和企业都异常收敛和紧张，因为作为国内消费者权益曝光最大的平台，“3·15”晚会吸引了无数的目光，而被曝光的企业则会遭到用户的遗弃。

但是，“3·15”晚会每年只有一次，在平时，人们遇到各种商品质量问题，只能希望“有关部门”来解决。如果能解决得好，当然符合人们的梦想，但问题是，梦想只能是梦想，现实中不可能做到。就拿消费者投诉举报专线电话和全国互联网平台 12315 来说，用百度搜索一下，就会出现大量指责其不作为的帖子。

经济学家张维迎在参加一档节目时，主持人问了这样一个问题：从博弈论的角度，如何解决大米商吃猪肉贩子的注水肉，而猪肉贩子吃大米商的毒大米的“坏的均衡”？张维迎的回答是：靠政府质监机构是不能解决食品安全问题的，只有让人们有长远的预期，人们才不致因逐一时之利而作恶。

的确，严格的产权保护可以带给企业主长远的预期，好的品牌可以传之子孙，不断让良币驱逐劣币。除此之外，突出市场化的质量评估机构的作用也不容忽视。

人们呼吁各类质监机构驱逐不良商品，加强对市场进行高效的质量监督。在某种意义上，以赚钱为目的的市场化质量评估机构更容易得到人们的信赖。

由于有赚钱的动力，民营质量评估机构会进行高效的质量调查，以在同行竞争中胜出。优秀的企业会主动花钱请优秀的评估机构来认证，不会花钱买名声不好的评估机构的认证，因为消费者不认可这些机构，花钱买认证毫无价值。表面上看，是企业花钱请评估机构评估，但这笔钱最后还是要算进商品价格中的，因此，这其实是消费者花钱请评估机构去评估企业，这一安排就是自发秩序的奇妙之处。

同时，民营评估机构只有评估的权利，却没有执法的权力，这让它们没有寻租①空间，只能实实在在地靠消费者的信任来赚钱。那些树立良好名声的评估机构，它们会更加看重自己的名声，因为只要被爆出一次丑闻，它们就会受到市场的惩罚，就会万劫不复，所得远远比不上所失，这也驱使它们更有动力搞好质量评估。

以金融领域为例，国外就有类似于标准普尔②的评级机构，它们就是在用漫长的时间来守护自己的名声。2009 年 12 月，因为三大评级机构纷纷下调了希腊的主权债务评级，投资者抛售希腊国债的同时，爱尔兰、葡萄牙、西班牙等国的主权债券收益率也大幅上升，欧洲债务危机全面爆发。所以欧洲一些国家的领导人认为是这些机构对主权债务的评级导致了欧债危机，但这些国家的消费者就是信任这些机构，由此可见，信誉好的民间评级机构可以与国外政府相抗衡。

当然，鼓励和发展民营评估机构不是要取消对假冒伪劣商品的司法处罚。民营评估机构虽然没有执法权，但人们遭遇到商品质量纠纷，诉讼到法院，法院可以把权威的评估机构的评估结果作为判案依据。

打破“生产靠市场，质量靠政府”的观念并非易事，希望更多的人能呼吁给民营评估机构更多的发展空间。当一些优秀的评估机构从优胜劣汰中脱颖而出，这也许能说服人们，商品质量也可以靠市场。

---

① 寻租：又称竞租，一种非生产性寻利活动。

② 标准普尔：由亨利·普尔先生创立于 1860 年，是普尔出版公司和标准统计公司 1941 年合并而成的世界权威金融分析机构，总部位于美国纽约市。

图 6.13　人们呼吁各类质监机构驱逐不良商品，加强对市场进行高效的质量监督。在某种意义上，以赚钱为目的的市场化质量评估机构更容易得到人们的信赖。

垄断企业侵犯小企业的权利了吗？

《反垄断法》于 2008 年 8 月 1 日起正式施行，至今已有 9 个年头。这几年我国在反垄断领域的行动不断，高通、微软、奔驰、大众等知名外企，以及国内部分企业纷纷遭遇反垄断执法调查，2014 年一年更是共开出 18 亿元罚单，创下当时的历史纪录。

人们普遍认为垄断企业侵犯了小企业的权利，所以反垄断法是在保护小企业，让其能生存发展下去。那么，这种看法对吗？

要回答这个问题，我们首先要理解“权利”这两个字，它只是一个消极的概念，意思就是在你的权利范围内，你可以任意行事而不被他人强制，能够对权利施加强制阻止的，只能是他人的权利。比如“我有吃饭的权利”，但“我”不能去饭店白吃，因为饭店老板的产权阻止了“我”的行为。

如果权利概念是积极的，权利之间就会冲突不断。如果“我有吃饭的权利”意味着“我”可以去饭店白吃，那就会和老板的权利相冲突，因为老板也有获得饭钱的权利。同时，“我”也会和其他食客产生权利冲突，因为他们也有权白吃，这饭究竟给谁吃？

在消极的权利逻辑下，冲突解决了。“我有吃饭的权利”，但是“我”必须自己去创造条件，即，“我”得把饭买下来，把它纳入“我”的权利范围，“我”就可以自由行事而不被他人强制了。同时，通过交换，老板获得饭钱的权利也实现了。

每个人在自己的权利范围内都享有充分的自由，同时又不去阻碍他人权利范围内的自由，只有在权利的消极逻辑下，才能构造和谐的生活。人们没有得到满足的欲望，可以通过努力创造财富、和他人交换财富来实现，这就是市场经济。市场经济规则没有破坏消极的权利逻辑，它仍然是一个可以贯彻始终的和谐逻辑，它能激励人们多创造财富。

了解了权利的概念，我们再回过头来看，大企业有没有侵犯小企业的权利？当然没有！大企业究竟在做什么呢？它们只不过是在市场上运用自己所掌握的资源而已。也就是说，它们影响小企业，不是通过对小企业施加强制手段来实现，而是通过在大企业自己的权利范围内的作为来实现，是通过和消费者进行权利交换来实现的。不管大企业以多低的价格和消费者达成交易，这都是它们的权利，也是消费者的权利。同时，不管它们怎样和消费者交易，小企业仍然有权自由定价、自由销售，而不受大企业的强制阻止。小企业因承担不起损失而无法按自己的意愿定价，不是被大企业侵权，而是在自己的权利范围内不具备选择的条件。

但是一些经济学家却无视这一点，反而提出了完全竞争的概念，认为大企业的垄断阻碍了小企业的竞争，因此，既损害了小企业的权利，也损害了消费者的利益。他们说市场经济必然会发展出垄断企业，这是市场经济的缺陷，如果对大企业加以限制，就能更好地促进市场竞争。

聪明的法学家不需要了解经济学知识，就可以轻松地指出：大企业是在自己的权利范围内行事，同时，小企业的权利范围也没有被大企业侵入。

而缺乏足够法学智慧的法学家则会受那些错误的经济学家的影响，误以为小企业被侵权。小企业如果坚持它们的定价，就有可能亏损，这是一种缺乏选择的条件，却不缺乏选择的权利的状态。这只是利益受影响，不是权利受侵犯。但法学家们把权利概念做了积极的理解，以为小企业有“权利”不受或者少受大企业的影响。他们以为这既符合小企业的利益，也符合大众的利益。企业和企业之间、企业和消费者之间的交换关系，是绝对的私法自治范围，却被法学家以保护竞争、维护大众利益为名，纳入公法范围加以干预。

所幸的是，这个世界还有另外一种经济学家。在《商业无边界》这本书中曾提到，美国经济学家曼尼主持的“法与经济学中心”举办过大量讲座，有超过400位联邦法官自愿参加学习。“法与经济学中心”让这些法官了解到，大企业的优势地位是市场竞争的结果，符合消费者的利益；人们所假想的种种大企业妨碍竞争的行为，实际并不是妨碍竞争。经济学家的培训渐渐地扭转了很多法官对反垄断法的态度。

经济学确实有助于人们深入认识市场行为，法官可能很了解权利原则，但却不是很了解权利原则下人们行为的后果，所以，用正确的经济学来丰富他们对这方面的了解，是一件好事。

图6.14　人们没有得到满足的欲望，可以通过努力创造财富、和他人交换财富来实现，这就是市场经济。市场经济规则没有破坏消极的权利逻辑，它仍然是一个可以贯彻始终的和谐逻辑，它能激励人们多创造财富。

“工匠精神”与“市场精神”

“工匠精神”这个词在 2016 年特别火，不仅入选了 2016 年十大流行语，而且还成为全国各行业热议的焦点。但是我要在这里泼一下冷水，“工匠精神”大概是说在制作技艺上精益求精、产品质量精益求精之类的精神，这个词听起来很美好，但是它的用法常常有问题。

比如很多人认为中国人缺乏“工匠精神”，而瑞士人就有很强的“工匠精神”，因为瑞士制表商对每一个零件、每一道工序、每一块手表都精心打磨、专心雕琢，于是中国人到瑞士买手表成为常态，买回来后还会慨叹：中国虽然制造量扩大了，但质量不行，仍然要鄙视中国制表商。

中国的确在部分产品上质量不如瑞士，这一点我不否认，但这个责任能怪中国的工匠们吗？实际上，产品质量并不是由工匠决定的，而是由市场决定的。

要做有“工匠精神”的工匠，是需要付出极高的成本的。时间、设备、耐心、精神高度专注，这都是成本。而在市场中，无论一个工匠多么具有“工匠精神”，只要市场愿意给他的出价无法弥补他的成本，他的结局就只有一个：被淘汰。也就是说，工匠有没有“工匠精神”，要看消费者愿不愿意付出那个价格。

瑞士有“工匠精神”，是因为有一部分消费者愿意付出那个价格来买他们的“工匠精神”。那么，既然有部分消费者愿意购买“工匠精神”的产品，中国人为什么就不能争气、努力，把这块市场抢过来呢？

这要看是否合算，因为这部分消费者算是高端消费者，人数不多，不一定非要去抢，抢也不一定是你的比较优势。如果这类产品不符合你的比较优势，你非要赔钱去抢，结局仍然是被淘汰。

那么，能怪中国的消费者对产品质量要求不高吗？

消费者消费也要量力而行，如果非要脱离实际，付出高价去覆盖“工匠精神”的成本，那么，消费者自己就会被淘汰。所以说，符合市场需求的就是好的，没必要非得纠结于质量高端的产品。

更关键的是，把目光瞄准更大规模的普通人的市场，利用规模优势，可以极为快速地提高普通消费品的质量，比如手机市场就是如此。

20 世纪 90 年代的第一代手机——“大哥大”，那时候北京的房价才 1000 多元一平方米，而一部“大哥大”要几万元。今天的你能想象，某个人手里拿的砖头式移动电话，居然能值几十平方米的北京房子吗？

“大哥大”是什么质量？现在的手机是什么质量？可以说是天壤之别。而这巨大的质量提升靠的是学习瑞士人吗？当然，对质量的追求精神不可少，但更重要的，是中国的手机市场规模快速扩大，规模效应使得企业有利润条件来提高产品质量。

假如中国人始终只有极少数人能用“大哥大”，则无论有多少“工匠精神”，也对质量改善不大。就是把整个瑞士的工匠都搬到中国来，也造不出今天这么好的手机。

所以，当你对着某个瑞士制品赞赏再三时，别忘了，他们制品的质量提升速度，其实远远赶不上中国这些大规模消费品的质量提升速度，因为中国制造在短短 30 多年里，质量已经提升很多代了。

图 6.15　实际上，产品质量并不是由工匠决定的，而是由市场决定的。

PART 07

理解生活

王宝强离婚案背后的经济学真相是什么？“孝道”衰减为什么会影响中国经济？中国经济“快车”真的需要慢下来吗？为什么从经济学的角度来看，富人是在为穷人打工？动物园老虎咬死人，如何从经济学分析出谁应该承担责任？为什么富人捐款更有利于教育？本章将为你揭开日常生活背后的经济学模式，帮助你发现生活中无处不在的经济学现象，让你能够更加理性地对待生活中的一切。

为什么“浑蛋”成功了，你却没有？

这些年，是不是在你身边涌现出一大波创业者，他们张口闭口都在谈创业计划，白天黑夜都在谈人生理想，没有创业的你好像都跟社会脱节了。每次朋友聚会，不是这个朋友一单赚了几十万，就是那个朋友刚融到资，“没有成功”的你想要清净一下，看看朋友圈吧，却发现那里有无数质疑你的文章，比如“为什么你还没成功”“你穷你有理”之类的，没创业、没发财似乎让你变得罪大恶极。

但是，发财并不是唯一的成功标准，这我不多说了，我要说的是，我不反对人们创业、赚钱，但有个真相很残酷：不是每个人都适合创业。有很多人创业一辈子，收入可能还不如他老老实实地给别人打工。但是很多人受到各种创业鸡汤文的激励，以为只要敢干就一定能成功，跑去做并不适合自己的事，那实在是浪费。所以信鸡汤文，还不如理解一下经济学的道理。

有一次，有个朋友问我：“那些经常出镜的经济学家大多赚了很多钱，我们却没赚到钱，在经济学上有解释吗？”我说：“还真有解释。”于是我举了一个例子。

中国有很多优秀的举重运动员，他们可以在世界比赛中获得第一名。而某篮球运动员的收入却是在世界上排名前几位的举重运动员的 100 倍、

1000 倍。这并非因为举重运动员不努力，而是因为观看举重比赛的观众比观看篮球比赛的观众要少得多，这是无法改变的事情，每个人都有自己的比较优势，有些人的比较优势天生就注定了不能迎合太多的观众。

假如举重运动员想："既然打篮球这么赚钱，那么我也去打篮球好了，只要我努力，一定能成功！"结果会怎么样？他不但赚不到大球星那么多的钱，而且比他举重时赚得还少。因为他放弃了自己的比较优势。

我跟同事说，同样的道理，经常出镜的那些经济学家赚那么多钱，是因为他们善于迎合一批人。你说的话比他更对，但是关注者太少。但如果你去学大众，结果也会是一样的：你不但赚不到他们那么多钱，你还会比你现在赚得更少。因为迎合他们并不是你的比较优势。

相信肯定会有人反驳说：如果不去试，你怎么知道你不适合创业？这里我要说一个段子：黄鼠狼在悬崖上立个牌子——如果不去飞，你怎么知道你不是一只鹰。然后它就在悬崖下等着吃掉下来的鸡。这段子是不是很负能量？我不是反对人们去试，因为比较优势很多时候的确是试出来的，但是在试之前一定要明白，不是只要努力就一定能成功，对失败一定要有准备，尤其是当处在泡沫的盛宴中，很多失败被掩盖，但最终，失败不会是小概率事件。

创业不仅是禀赋问题，也是运气问题，就如同我们在上一章中提到的一样，决定创业者成败的，不是创业者自身，而是消费者。那些成功的创业者，未必比失败者更勤奋，或者更聪明，其实只是因为他们恰好迎合准了消费者。我不否定学习能力、控制成本的能力、激励能力等因素也能有帮助，但最重要的还是消费者的挑选。为什么有些"浑蛋"能成功？那是因为"浑蛋"也有自己的消费者。

图 7.1　但是在试之前一定要明白，不是只要努力就一定能成功，对失败一定要有准备，尤其是当处在泡沫的盛宴中，很多失败被掩盖，但最终，失败不会是小概率事件。

一个老实人的博弈

2016 年 8 月 14 日凌晨，王宝强在微博上发表离婚声明，称妻子马蓉与经纪人宋喆有不正当关系，决定解除与马蓉的婚姻关系，在娱乐圈投下重磅炸弹，舆论一边倒地同情王宝强。除了马蓉出轨在先外，很大一部分是因为王宝强平常的“老实人”形象深入人心，很多人说王宝强是老实人受欺负了。

当然，网上也有少部分言论谴责王宝强，说夫妻一场，何必把对方置于万人唾骂之下，或说对孩子伤害太大，等等。但这种言论遭到更多人的反驳，说，你们是站着说话不腰疼，如果你们置身事中，你们可能会更愤怒、更不宽容。

所以王宝强离婚事件是一个有关愤怒或宽容的事件？不是的，其实它是一个博弈事件。

经济学上有个词叫“沉没成本”，是指已经发生、不可收回的成本。经济学者认为，人们在做出选择时，只应考虑即将付出的成本和收益之比，而不应考虑沉没成本。举例来说，你投资一项生意，前面赔了 100 万元，现在只要再追加 10 万元，就能收回 20 万元，你不会计算说，一共投入 110 万元，只收回 20 万元，亏死了，不追加了。你会这样计算，前面那 100 万元是沉没成本，无须再考虑，现在投入的这 10 万元，利润率是 100%！

王宝强前妻出轨对他的伤害，就是沉没成本。看起来，他应该不再考虑这一成本，而是应该避免投入新的成本，低调处理，不使形象受损，因为对演员来说，形象损失也就是金钱损失。如果王宝强只是进行单次博弈，他确实应该这样。问题是，他进行的是多次重复博弈。他的博弈对象不只是前妻和经纪人，还有他的下一任妻子、下一任经纪人，以及其他的很多对象。

在黑帮电影中常见这样的桥段：黑帮老大被手下背叛，老大一般誓言报复。他们说："如果我不报复，那等于是在向其他手下发出信号：请背叛我吧，我很宽容。"

对于王宝强来说，妻子和经纪人，一个有婚姻契约，一个有紧密服务契约，本应归类于最值得信任的人，结果联合背叛王宝强，伤害何等巨大！如果这样的背叛王宝强都宽容，那无异于是告诉其他合作伙伴：你们背叛我损失也不大。尤其是告诉下一任妻子和下一任经纪人。

这就是王宝强宁愿冒着自己形象受损、孩子和父母受到伤害的风险，也要让那两位在娱乐圈身败名裂的原因，虽眼下受损，但对长期博弈有利。

王宝强是通过这件事昭告天下："我可以做老实人，但如果你对我损害太大，我一定会激烈反击。"老实人不是不懂博弈的傻人，他们也会摆

图 7.2　问题是，他进行的是多次重复博弈。他的博弈对象不只是前妻和经纪人，还有他的下一任妻子、下一任经纪人，以及其他的很多对象。

出鲜明的姿态，来维护自己的利益。

当王宝强寻找下一任妻子时，马蓉式的女人就被自动排除了，这也节约了挑选成本。当然纯情派会说了：“为什么不能对纯洁的感情有信心呢？王宝强下次找到真爱不就行了吗？”人心易变。如果没有博弈约束，人们就很容易尝到“等闲变却故人心，却道故人心易变”的苦涩滋味。

相信王宝强在发布公开声明时应该做过评估：虽然会使形象受到部分损害，但支持者一定更多。事实也证明，很多人要借支持王宝强来表明自己不容忍背叛的姿态。假如大多数人谴责王宝强，人们竟然普遍为了“宽容”的形象而放弃长期博弈约束，那这个社会可能就难以维系了。

书非借不能读也？

记得上小学那会儿，由于当时处在一个贫瘠的年代，课外读物少得可怜，如果班级上哪个同学有课外书了，那么全班同学就会排队轮流借，等轮到自己的时候，白天看不完，晚上点上煤油灯熬夜也要看完。现在可以阅读的书越来越多，反而没有了小时候的兴奋，很多书买回来看都不看就束之高阁了，如果有人问起，就自我解嘲一句：“书非借不能读也。”

“书非借不能读也”出于清代袁枚的《黄生借书说》，由于搔到了很多人的痒处，于是成了典故。袁枚说：“七略四库，天子之书，然天子读书者有几？汗牛塞屋，富贵家之书，然富贵人读书者有几？……非独书为然，天下物皆然。”为什么如此？这就涉及上一节提到的沉没成本。

上一节我已经解释了什么是沉没成本，“书非借不能读也”，是因为自己买的书，付出的钱已经是沉没成本，此时人们只考虑付出的时间和阅读的收益之比，这样就会经常被其他一些事情打断读书计划。而读借来的书，除了时间和阅读收益之比，还可避免买书的付出，因此，借来的书总是得到优先阅读，这就让人们形成“书非借不能读也”的一般印象。

沉没成本普遍左右着人们的选择。例如，古代的军法规定，士兵作战时从战场逃离的，就地处斩，但战争如果失败，对逃回的士兵则不会追究。这是因为作战时制止士兵逃离，是为了避免失败，但失败已成定局，这个失败就是沉没成本，此时如果还追究逃跑的士兵，则不利于重整旗鼓。

没有按照沉没成本原则决策的人则会承受损失。例如，某歌星花费 10 万元成本录制了一万张 CD，她认为自己的歌值 5 万元，因此她定价 15 元。但听众却并不是很喜欢她，只愿意每张掏 5 元，并且只能卖掉 3000 张。如果她坚持说：“歌就算白送了，但我已经投入 10 万元，所以每张定价绝对不能低于 10 元。”那么，她就损失了能卖掉 3000 张的 1.5 万元。

沉没成本概念对人们观察、解释现实世界非常有帮助。另一种现象是，当人们获得某种收益后，往往把这种收益视为理所当然，考虑时就会忽略。虽然这个概念还没被学界论证，但这里不妨一说。

改革开放以后，中国人享受到市场化的巨大好处，然而，有一些老年人却对 20 世纪五六十年代那种大家都穷、大家平均的状态无比怀念。在他们看来，那时候的人际关系简单，空气质量好。虽然市场化让更多人吃得更饱、穿得更好、活得更久，但这些都已经成为沉没收益。他们拿今天的缺陷和过去的一些优点比，发出今不如昔的慨叹，但如果真要回到过去的状态，他们又绝对不愿意失去今天已获得的收益。

图 7.3　人们获得某种收益后，往往把这种收益视为理所当然，考虑时就会忽略。

经济学家张维迎曾说过："市场经济确实有不少弊病，其中最大的弊病是，当你能享受它的好处的时候，你可能看到的都是它的缺点；当你没有机会享受它的好处的时候，它也没有办法告诉你它的优点在什么地方。"习惯了市场经济带来的沉没收益的朋友，当你指责市场经济时，何不想一想这点？

破坏孝道将严重损害中国经济

现在的年轻人大多是背井离乡，在外打拼，有一部分人甚至几年不回家，导致他们不想回老家最重要的原因就是父母逼婚，而每到春节，逼婚话题就会成为网络热门话题。有些人对逼婚淡然处之，有些人则反应强烈，而有些所谓的情感咨询专家则借此对父母，乃至对孝道进行猛烈的道德贬低，类似“孝道不仅是对子女尊严的贬低，更是对父母之爱的污辱。孝道是对子女与父母之间最本真的爱的扭曲。任何爱父母、爱子女的人都应当否认孝道”“指望孩子养老的人，本身就是个依赖别人、不思进取的人”的话，就是他们经常说的。

在中国古代，父母确实对子女有很大的权力，这也是国家所支持的，例如父母可以到官府告子女“忤逆”，但这并非孝道的全部。到了现代社会，人们对孝道的理解已经不再是法律强制性的了，也没有几个人认为孝道就是对父母绝对服从。有些人把孝道定义为强迫的、不平等的，这是为了便于对孝道进行道德贬低。那么，我们就从经济学上分析一下，他们对父母的道德贬低有没有道理呢？

先看养儿防老。父母投入资源抚养子女，期望在未来得到子女的回报，这其实是一种自发的家庭资产优化配置。不仅父母如此，祖父母等长辈也是如此。很显然，子女幼时不掌握资源，但对子女的教育、培训增加投入，家庭预期的边际收益要比年龄已大的父母、祖父母要大得多。父母年老后，赚钱能力衰减，而这时子女正当壮年，可以撑起家庭，这样的家庭资产配置是很合理的。父母做家庭资产配置，其未来回报依赖的就是一种孝道文化。

那么，指望孩子养老的人是不思进取吗？投资于遥远的未来，期望未来得到回报，这明明是一种积极进取的投资。如果考虑到这一切都是靠孝道文化来维系的，充满了不确定性——毕竟不孝子女也是挺多的，就更应该对这种投资勇气大加赞叹。

你可以唱高调，主张父母对子女单纯的、不求回报的爱，但这样父母就会减少对小孩的抚养投入——当然不是每个父母都会减少投入，但肯定有一些父母会这样。你长大成人了，可以痛批孝道，但你要想想这对现在的小孩，对你自己的未来是否有利。

越富裕的社会，养儿防老的人越少，同样，生育率也就越低，这里明显有一种投资替代关系。投资养老不是不可行，但很多东西是投资养老替代不了的。比如抗风险能力，比如亲人的生活照顾，尤其对于穷人来说，目前靠投资养老还是奢望。

假如没有自发的孝道，就会有更多的人要求国家养老。而国家福利比起自发的家庭资产配置来，效率要低得多。由于国家养老同样来源于年轻人口的税收或缴纳的养老金，这大大增加了子女的税负，而且国家在培养子女上，也不会有父母尽心。

对孝道不要动辄就扣“强迫”的帽子。强迫在经济学上、在自由主义理论中有明确的含义，那就是暴力强制。今天的法律，除了规定子女有赡养父母的义务这一条可以算是强迫之外，我想不出还有什么其他强迫。而在孝道来说，只尽法定最低赡养义务恐怕不会被人看成孝顺。一般人们说某人孝顺，一定是指他自愿做了超出法定义务之外的事情。

图 7.4　你可以唱高调，主张父母对子女单纯的、不求回报的爱，但这样父母就会减少对小孩的抚养投入——当然不是每个父母都会减少投入，但肯定有一些父母会这样。

说了这么多，并不是让大家必须绝对顺从父母。父母逼婚、逼生孩子、逼回老家就业等，的确会让一些人烦，但对自己烦的事情，是不是就要进行极度的道德贬低？父母并没有暴力强制你做这些事情，而是唠叨、催促、抱怨甚至吵闹等，这些完全不是强迫，只可以视作一种生活冲突。老板还逼你加班、逼你出差呢，你会说那是强迫吗？你不听从老板的，大不了辞职不干就是了，他并不能暴力强制你。你不听从父母的，连辞职都不需要。一般来说，父母只是闹闹而已，大部分父母最终还是会向子女妥协。一些情感咨询专家却把这些混淆为“强迫”，进行道德贬低，只是在迎合一种扭曲的道德激情。

你不会喜欢慢下来的中国

不知从什么时候起，在网络上开始流行着像“中国啊，请停下来等等你的灵魂”“从前慢”之类的语句，并且引起了很多人的共鸣。因此在经济学者以及媒体中也就开始流行一种说法：降低经济增长速度，以提高经济增长质量。在他们看来，经济增长速度和经济增长质量是矛盾的。

我有一位朋友就深受影响，一次他在和我聊到欧洲、日本经济的时候，他说：“欧洲、日本经济发展值得借鉴，虽然发展速度慢，但是发展得很稳定。”我直截了当地告诉他：“你不可能喜欢‘稳定’的低速发展。”

接下来我向他解释了原因：“所谓经济发展，是指效率提高、成本降低。购买同样质量、数量的商品和服务，人们总是希望成本越低越好。假如你喜欢的商品成本降低更多，你会不高兴吗？但如果长期低速发展，就意味着成本降低速度长期很慢，这本来不是一件好事，但是，某些经济学者用‘稳定’这个词来描述这一不好的现象，由于‘稳定’这个词本身带有褒义，就影响了你的思维，让你以为，‘稳定’的低速发展是好的。”

有个游学美国的开发商，也多次大谈中国高速发展不好，他说：“为什么美国不像中国一样玩速度？因为美国曾经为过快的经济增长付出过代价。”我想问他：“你为什么不让你的企业负增长，好为拉低中国的发展速度做贡献？”

当然了，有人会回答：“他必须对股东负责，所以不能让自己的企业负增长。”但其他企业也一样要对股东负责，也要追求发展，所有企业都追求提高效率、降低成本，其结果就是追求经济的高速发展，那么，经济高速发展为什么就不好？

在经济学界，流传着很多谬论，如上所述，用“稳定”来形容经济长期低效，就是一例。当然，这也和GDP统计有关。当刺激经济时，其实是在消耗资本、降低效率、提高人们的生活和发展成本，但GDP统计上却呈现出短期的拉升，这种“高速发展”和人们生活感受的背离，也容易使人们产生“高速发展不好”的印象。但这不等于说所有的经济增长速度都是和经济增长质量相矛盾的，改革开放以来，中国经济增速高，质量也大大提高，增长速度和增长质量并不必然矛盾。

合格的经济学者不会思维混乱，把真实的发展和刺激下的短期数字统计错觉混为一谈，也跟着说“高速发展不好”，否则，人们就会跟随他们刻意追求降低经济发展速度，误以为这意味着经济质量的提高，却不明白，在真实的经济增速降低的同时，经济质量也一定是下降的，这样的学者多了，会进一步减弱市场化改革的动力。

关于“稳定”的低速发展，还有一种批判，是说经济发展快，使得人们的欲望越来越多，这又是一个流传广泛的误解。前面说了，经济发展快，是效率提高快、成本降低快，它的结果是人们满足欲望的成本越来越低。现在人们更喜欢坐飞机长途旅行，而不是坐马车，这不是因为人们的欲望多了，而是因为坐飞机在技术上可以实现、成本上可以支付了。古代的人并不喜欢“从前慢”，他们也渴望“朝游北海暮苍梧”，只不过他们无法满足这一欲望而已。在成本大幅降低的时代，个体完全可以选择克制欲望，在他们剩下的欲望中，满足欲望的成本也是降低了的，而他们绝不会对成本降低表示反对。所以，问题是你怎么看。你看到的是欲望，和你看到的是成本降低，给你的感受是不一样的。

可以说，经济增长速度高，未必增长质量好，但经济增长质量好，必然会推动经济增速。如果你是普通老百姓，你不会喜欢慢下来的生活，因为那意味着，你降低生活成本的速度在变慢，甚至成本在增加，你买房、买车、防大病、积蓄养老成本等各种速度都在变慢，甚至无法实现。所以，别跟着别人喊“中国啊，请停下来等等你的灵魂”，而应该呼吁赶紧追上市场化改革的传统与灵魂，改善经济增长质量，追回高经济增速，让生活成本降低的速度快起来。

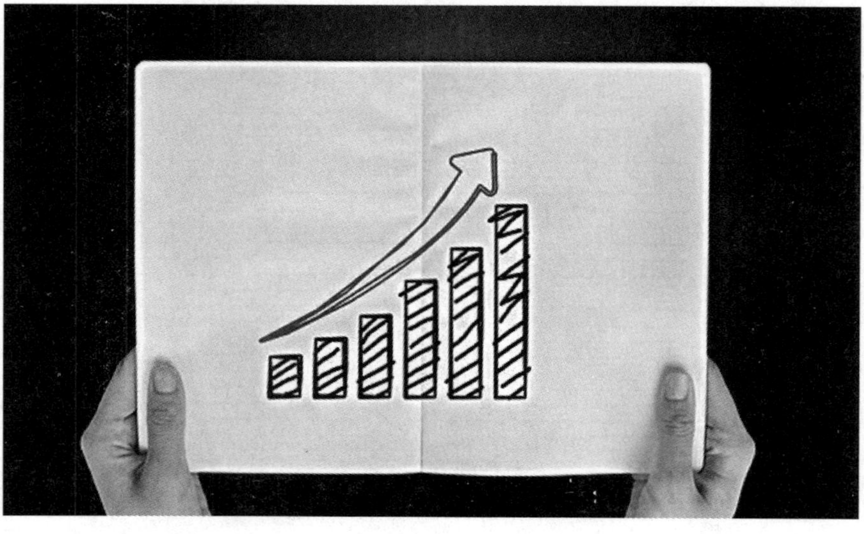

图 7.5　在经济学界，流传着很多谬论，如上所述，用“稳定”来形容经济长期低效，就是一例。

其实你和富人的差距越来越小

少部分人占有大部分财富，这在全世界早已是公开的秘密，中国的普通百姓不能和他们比，于是每到年终岁尾，亲戚朋友之间就会盘点一年辛苦所得，互相询问："今年你挣了多少？""你们单位发了多少年终奖？"……然后再为不同行业、不同地区、不同身份、不同阶层之间的收入差距发出感慨，并由此得出结论：与巨富们比不了，与亲戚朋友相比，贫富差距也是越来越大啊！

那么，事实真是这样的吗？想一想今天的贫富差距与30年前相比，是扩大了还是缩小了？从数字来看，30年前，最高收入阶层也不过比最低收入阶层每月多几百块钱，而今天，巨富们的财产以百亿计，而最低收入者每月才几百块，仅仅看数字，看基尼系数，今天的贫富差距确实是比30年前扩大了。

但是，数字并没有真实反映收入差距的变化。30年前的收入差距，是吃饱和挨饿、穿暖和受冻的差距。今天，即使是乞丐，也比30年前的一些人吃得好、穿得暖。诸如电视机、洗衣机、电话等，以前都是富人才能享用的，而今天普通人也可以拥有。

这就是市场经济的一个特点，人们的贫富差距拉大，但消费差距却在缩小。富豪们可以消费的产品，大部分普通人也可以消费，只不过质量稍差一点儿，比如飞机谁都坐得起，无非是富豪们坐专机，你坐经济舱。

芝加哥大学两位教授在2013年发表了一篇研究消费差距的论文，

研究表明：从 2000 年开始，美国最富的 1/10 家庭的收入，在那时候是最低收入阶层的 5.3 倍，2011 年倍数涨到 6.4 倍，最富的人赚钱的数量相对最低收入的 1/10 的群体来说，总体上累积增加了 1/5，收入差距在这十几年的确发生了很大的变化。如果我们看看消费差距的话，会发现，2000 年的时候，最富的 1/10 的人群的消费，是最穷 1/4 群体每年消费的 4.2 倍；到了 2011 年的时候，这个倍数变成了 3.9 倍，尤其 2008 年金融危机以后，消费差距在不断地缩小。

所以，在美国，人们收入差距变大的同时，消费差距却在大幅度减小。如果人们只关心收入差距，不关心消费差距，就会要求政府对富人征收高税收，进行收入分配。那么，搞福利均贫富，真的能消灭贫富差距吗？

我们首先要明白，有一些贫富差距扩大是有益的。比如，全球化拉大的贫富差距实属正常，随着人们交易范围的扩大，企业家在更大范围内成功，这一定会拉大数字上的贫富差距。假定人们的活动局限在一个村子

图 7.6　这就是市场经济的一个特点，人们的贫富差距拉大，但消费差距却在缩小。富豪们可以消费的产品，大部分普通人也可以消费，只不过质量稍差一点儿。

里，村主任占有90%的财富，而每户村民平均只占有0.1%的财富，则村主任的财富顶天也就是村民财富的900倍。而当经济活动扩展到全球，比尔·盖茨的财富可以是中国山村村民的几百万倍！这是因为比尔·盖茨可以用大部分财富在全球范围内服务消费者，为他的员工、合作企业带来收入，而他自己消费的只是财富中的一小部分。几百万倍的贫富差距，和几百倍的贫富差距，看起来后者数字要小，但是，哪种情况更有利于老百姓，不是很清楚吗?

但是，如果要建立以税收均贫富的机制，固然会减少富人的财富，但也会减少穷人的享受。因为当蛋糕变小后，老百姓只会分到更少。是的，如果能退回到村里的经济状态，贫富差距确实能从几百万倍缩小到几百倍，但那会带来大部分人的状态恶化，这种状态真的有利于稳定吗?

人们通常用基尼系数衡量社会的收入差距，但是，基尼系数既不反映财富的运用情况，也不反映人们的真实享用情况，只谈收入差距拉大，不谈消费差距缩小是不正确的，改善老百姓生活的最好办法，是不要去看收入数字的差距，而是为人们创造财富扫清道路，让更多人能在更大范围内成功。

何必扼杀普通人买奢侈品的机会

经济学家米塞斯曾经说过这么一句话：“我的同事和我一样要一双鞋子，会使我更容易而不是更难得到一双鞋子。”有的人感到很奇怪，多一个竞争者，只会抬高鞋子的价格，怎么会让买鞋更容易呢?

问题得多看一步，买方的竞争的确会推高商品价格，但同时，更多的买方会吸引更多的卖方，从而使得这个行业更容易形成更深化的分工，形成规模效应，从长远看会降低商品的价格。

从生活经验就可以知道，某些小众商品，它的价格总是难以降下来。比如随着消费差距的缩小，富人们为了身份认同和被识别所购买的某些奢侈品，而容易降价的奢侈品，都是需求甚广、普及率高的商品。

自古以来，就不断有人倡议抑制奢侈品消费，在中国古代，商人被禁止穿绸缎、坐跟官员一样的大轿，这就是为了防止奢侈浪费。而在现代社会，很多经济学家提出，应对奢侈品消费征收重税，这样可以有助于拉低贫富差距。

然而，事实真是这样吗？一种产品出现名牌，就说明这种产品已经被大多数人享用。名牌只是用来标识身份，一个社会使用名牌越多，则说明这个社会的贫富差距越小。

从经济学上看，浪费肯定是不利于经济发展的，然而，奢侈品消费并不代表浪费。富人愿意花更多的钱，来为产品的部分改进埋单，而这种花费在普通人看来，可能是不太必要的，因而被视为奢侈。但是，价值是主观的，每个人对产品的评价不太一样。比如，李嘉诚可能不会把别墅视为奢侈，但是他却可能把普通人花一天的时间钓鱼视为奢侈。以普通人的眼光，呼吁限制富人消费奢侈品，很显然是不合情理的，李嘉诚是否可以按照同样的逻辑，要求限制穷人钓鱼呢？

而从客观的结果来看，富人消费奢侈品，为穷人提供了工作机会，促进经济的发展，帮助穷人更快地用上奢侈品。道理就是本文开头所讲述的，一种产品有越多的人消费，就越容易普及。富人消费奢侈品，其实是用他们的金钱来推动质量的进步，让更多的企业投入到奢侈品的生产，从而快速降低该产品的价格，使普通人也能用上该产品。从科技产品来看，今天普通人所使用的很多产品，放在 20 年前可以称得上奢侈品，比如手机、电脑等。

图 7.7　以普通人的眼光，呼吁限制富人消费奢侈品，很显然是不合情理的，李嘉诚是否可以按照同样的逻辑，要求限制穷人钓鱼呢？

经济的发展就是这样，不断有新的奢侈品出现，也不断有奢侈品变为普通产品，然后更新的奢侈品出现。一种奢侈品是否能变成普通产品，取决于大众的需求，而政府不可能准确预知哪种产品代表未来的发展方向，只有让消费者自由选择，才能找到合适的商品。因此，不能呼吁国家对奢侈品征收重税，对奢侈品征收重税的结果，是扼杀了奢侈品变成普通产品的可能性，这样做不仅损害富人，也损害穷人。

老虎伤人，野生动物园一点儿责任都没有

2017 年 6 月 10 日中午，长沙生态动物园发生了惊险一幕。三名游客从动物园后山翻越围栏进入园区，结果闯入虎园放养区域附近，三人所

处位置离放养的孟加拉虎只有 50 米远，幸运的是，他们被保安及时发现并劝离。与他们相比，下面这起事件的当事人就悲哀了。2016 年 7 月 23 日下午，北京延庆八达岭野生动物园内，两名自驾游女游客在猛兽区下车后，被老虎袭击，造成一死一伤。

针对这起游客不遵守园区规定，导致被老虎咬死、咬伤的事件，舆论大多数是谴责他们自作自受，但是也有少部分声音说野生动物园也有责任。比如，一个媒体人就说："一个系统的安全运行，必须留出余地。"而另一位法学教授也持同样观点："但园方恐怕并没有考虑到人并不完全是理性动物，应该考虑到例外情况的发生，比如小孩子突然打开车门跑下车，再比如本次事故中的年轻女子；有些人在激情状态下就是可能做出任何事。很显然，园方对这些特殊情况考虑得不够，也就是在安全管理上缺少余地。"

看到这位媒体人的话，我想到一个邻居的经历。去年他驾车带妻子、孩子去八达岭野生动物园玩，停车时把窗户开了一道缝，结果一只熊掌伸了进来，妻子、孩子被吓得尖叫起来。幸好他反应快，迅速启动车离开，否则麻烦大了。

听他说了这段经历，我当时就想：如果因为不遵守规则，在野生动物园发生事故，野生动物园有责任吗？结论是：从经济学、民法的角度看，野生动物园没有任何责任。

然而，那位媒体人肯定又会挑野生动物园的毛病了：野生动物园尽管警告了不得打开车门，可是没有警告不能开一点儿窗啊？所以不够尽责。

从经济学上看，如果野生动物园把开一点儿窗也写入警告牌，那就增加了成本。这个成本源于多方面。一方面是野生动物园制作警示牌的成本，另一方面，是游客的注意力成本。当警示太多，游客注意力分散，很有可能就忽略了最关键的警示。

除了开一点儿窗，还有其他很多安全隐患。这位媒体人所谓的“安全余地”，究竟怎样才算“安全余地”？“由工作人员给车门贴上塑料胶带”就够了吗？万一有些游客好奇心强拿刀子割掉塑料胶带呢？可想而知，如果把所有的责任都推给野生动物园，警告书可能得写几万字，相应地，游客的票价也得翻好几倍。

另外，从民法角度看，野生动物园卖的就是密闭驾车游，只有密闭驾车时出现了问题，如猛兽阻住去路打翻车辆，野生动物园才有责任。除此之外的给车窗开一条缝、吵架生气下车等，并不是这份买卖契约里的安全内容。按照契约，“安全余地”的事已经交给游客自己了。那位法学教授以管制型法条为依据推导野生动物园有责任，是不明白管制型法条对契约自治的破坏。另外，即便是管制型法条所规定的安全义务，也应该随契约转移。

图 7.8　如果人文情怀泛滥，搞不清同情和责任，不懂民法精神，这只会让人们生活成本升高，并且会纵容一些人越来越缺乏责任心，使得不幸事件越来越多。

从经济学上看，这样的契约安排是有道理的。因为野生动物园考虑一切特殊情况的成本太高，而把自我保持警惕的责任交给游客，则是相对比较容易的事。游客接受了这样的契约，也就意味着游客也认为这样的契约是合理的，相应地，这样的契约也比较省钱。

比如家电厂商卖家电，只能做正常的安全警告，如果谁家小孩好奇心强，乱用家电受伤，只能是监护人的责任，假如把监护人的责任移交给家电厂商，那么家电就会贵得大家买不起。

具体到这个女游客的事件，不管她是吵架下车也好，还是误以为已经出了猛兽区也好，都是她的责任，野生动物园一点儿责任都没有，除非野生动物园有明显的误导标志，让她认为已经出了猛兽区，否则就是她自己疏忽，身处险境却不懂得谨慎行事，不能怪别人。

这是一起不幸事件，是悲剧，借机发泄痛骂女游客确实不对，但契约责任要分清。同样，如果人文情怀泛滥，搞不清同情和责任，不懂民法精神，这只会让人们生活成本升高，并且会纵容一些人越来越缺乏责任心，使得不幸事件越来越多。

怎样处理隔壁的钢琴声？

曾经有段时间，我的一位邻居买了架钢琴，勤于练习，几乎每个周末，我都要听上两个小时。因为觉得弹得不错，又是免费听，我感觉自己沾光了。但另一个邻居却提出抗议，说琴声打扰了他周末睡懒觉，于是周末的琴声就结束了。

我没有音乐听虽觉遗憾，但也理解睡懒觉的邻居的抗议，因为这其中涉及一个经济学的概念：外部性。所谓外部性，是人的行为对产权之外的人的影响。几乎任何行为都会产生外部性，有时是正的外部性，有时是负的外部性，有时两者兼具。比如练琴的邻居，对我产生了正的外部性，而对睡懒觉的邻居却产生了负的外部性。

因此，有经济学者声称，在存在外部性的地方，市场就失灵了，供求关系失灵了，非外部干预不可。他们举的一个例子是欧洲的古堡政策：很多欧洲国家为了保存古堡，禁止古堡的主人拆掉古堡改建商业地产。赞成这项政策的人认为，古堡具有历史价值、艺术价值，拆掉古堡，这些正的外部性就没有了。所以，古堡主人的产权必须受到限制，但这个政策显然侵犯了主人的产权。

如果根据外部性来处理问题，那么，隔壁的钢琴声就完全无法处理了。既然人们可以因为正的外部性禁止拆古堡，我自然也可以因为正的外部性禁止钢琴练习者停下。但对于睡懒觉的邻居来说，他难道不可以因为负的外部性而要求停止吗？但是，当钢琴声停下来，我又失去了正的外部性。

在拥护产权理论的学者看来，既然外部性无处不在，那外部性就是个无用的概念。其实外部性不是市场失灵，而是那些主张干预的脑袋失灵。权利的边界，就是交易的边界，外部性无须考虑。

看看根据权利法则，应该由谁来处理隔壁的钢琴声吧！弹钢琴的人拥有弹或不弹的权利；睡懒觉的邻居拥有其住所不被噪声侵入的权利；而我虽然是受益者，却并不拥有免费听钢琴的权利。在钢琴师无法保证声音不侵入邻居住所的情况下，钢琴声就应该由睡懒觉的邻居来处理，如果我想听钢琴，只能到音乐厅付费听。

你上班坐地铁，增加了他人的拥挤程度，这是对他人的负的外部性。但是，他人有权阻止你吗？没有！因为你虽然对他人产生了负的外部性，但却没有侵犯任何人的权利，自然就没人有权阻止你。

古堡的历史价值、艺术价值也许很高，但对主人来说，改作他用或者卖掉可能收益更大。对于古堡爱好者来说，本应把古堡买下来自己保护，如果一个人财力不够，可以联合其他人成立保护基金。但是，由于政策禁止拆古堡，古堡爱好者认为不必花钱了，反正古堡也不会被拆。因此，最后古堡会由最想拆掉它却又不能拆的人来“保护”，这会得到什么样的保护，可想而知。在欧洲，由于种种对古堡产权的限制，很多古堡日趋荒凉衰败，主人却置之不理。

虽然市场机制比禁拆令更有效，但市场机制也不能保护每一座古堡，而只保护那些有人愿意掏钱来保护的古堡。比如：古堡爱好者约翰认为某座古堡特别有价值，但他却不愿意或没有钱支付，这座古堡可能就得不到保护，因为可能掏钱的人的看法跟约翰不一样。你会因为约翰特别看重的古堡没得到保护，就认为是市场失灵吗？这仅仅是约翰的失败而已。

图 7.9　其实，外部性不是市场失灵，而是那些主张干预的脑袋失灵。权利的边界，就是交易的边界，外部性无须考虑。

所以，市场没有失灵，产权理论没有失灵，恰恰是外部性的干预失灵了。

神医与虚拟财货

“吃绿豆可以包治百病。”如今的你听到这句话，一定知道这是一句玩笑，可是几年前有一个叫张悟本的“神医”却靠这句话，把很多老百姓忽悠得一天吃一斤绿豆，吃得上吐下泻仍不后悔。最终张“神医”被打下神坛，于是又出来一个推崇吃泥鳅治病的马悦凌，很多人马上又对此深信不疑，最终发生了 100 多人疑因按照她说的生吃泥鳅导致中毒住院一事。

不管是张悟本还是马悦凌，他们开的药有一个共同点：明明药不对症，却有人相信。这在经济学上有一个专门的名词，叫“虚拟财货”。

虚拟财货是经济学家门格尔提出的一个概念，不过这个“虚拟”，指的是对因果关系的虚拟，和今天“虚拟的网络世界”所用的“虚拟”意思不同。门格尔虚拟财货的意思是，在物品和人的效用满足之间，并没有因果关系，而是由于人们认知错误，误以为存在因果关系，从而把这些物品当成财货，但它们并不是真的财货。

举例来说，有人看到农药能杀死田里的害虫，于是他想：既然农药能杀死田里的害虫，那也就能杀死人身上的虫，可不可以喝农药来治血吸虫病呢？其实，农药根本就没有治病的作用，只是喝农药的人虚拟了农药的这种作用，所以，农药对治病来说，就是虚拟财货。农药的确能杀死田里的害虫，能救庄稼，因此对种田来说，农药就是真实财货。

别看虚拟财货这个概念很平常，它却关系到经济学上一个非常重要的争论——主观价值论之争。对物品的价值，亚当·斯密等是一派，信奉客观价值论；门格尔等是另一派，信奉主观价值论。在当今世界，主观价值论已经完全占据上风，就是说物品的价值完全取决于不同的人的主观判断，比如一场歌星的演唱会，有人愿意花高价去听，有人则一分钱都不会掏。

门格尔是较早信奉主观价值论的经济学家，但是，他的一些弟子却对门格尔提出质疑，认为他在主观价值论上并不彻底，证据就是门格尔的虚拟财货概念。他们说，既然物品的价值完全取决于人的主观判断，那么，病人认为农药能治病，农药对他来说就是治病的财货，这才是彻底的主观价值论。

这种说法表明这些人没有理解门格尔的真实意思，人可以在主观上任意给物品赋予价值，并且可以随时变化，但却不能用主观去任意赋予事物客观属性。农药不能治病，任何人主观上认为它能治病，它也不能治。

图 7.10　主观价值论已经完全占据上风，就是说物品的价值完全取决于不同的人的主观判断，比如一场歌星的演唱会，有人愿意花高价去听，有人则一分钱都不会掏。

在古代，人们相信巫术治病，相信神仙降福，因此人们花大价钱去请巫师，给和尚送无数的香火钱，这些都是虚拟财货。随着科技进步，这些“财货”逐渐被驱逐出了财货的行列。虚拟财货被驱逐，真实财货同时在增加，人们没有因为“损失”了虚拟财货而有任何不便。相反，由于减少了在虚拟财货上的开支，人们可以获得更好的生活。

门格尔说，文明发展越快，虚拟财货越少。张悟本、马悦凌倒下了，也许还会出现新的“神医”。不过，随着知识进步，他们的市场比例会越来越小，这是可以判定的。

高校学费又要涨？应考虑怎么降学费！

2016 年 7 月，广东、江西决定上调公办普通高校的学费，海南、内蒙古也召开了相关的听证会。实际上，在教育部 2007 年出台的关于高教学费的 5 年“限涨令”到期之后，从 2013 年开始，全国各省份便纷纷上调高校学费，根据国家统计局最新公布的数据显示，目前各省上涨后的高校学费，很少有每学年低于 5000 元的，不少高校医学类、艺术类专业每学年超过万元，这被公众称为“报复性上涨”。

高校学费涨价，原因有很多。通货膨胀应该是最重要的因素。肉价涨、菜价涨、房价涨，学校的运营成本肯定也要涨。教育部国家教育发展研究中心的一位研究员就曾说：“高校经济来源一般有学费、校办企业、国家财政拨款和社会捐赠四个方面。对于部属院校或重点大学来说，后三方面来源非常充足，而对于普通大学来说，大多依赖学费和财政拨款。”而中国人民大学教育学院教授程方平也说：“在一些重点大学，学费在办学成本中只占 3%，而在非重点大学尤其是地方大学，学费占办学成本的比例非常高，一些院校几乎全靠学费生存。”

由此可见，尽管家长、学生都抱怨学费太高，但在通货膨胀的情况下，学费不得不涨。

在现有教育体制下，高校学费上涨确实是家长、学生不得不接受的痛，但这并不意味着高校办学成本以及学费就没有下降的空间，我们完全可以通过改革教育体系来降低成本和学费。

携程创始人梁建章就曾提议，把初中高中学制缩短两年，让学生 16 岁进大学，20 岁大学毕业，很多知识可以放到工作中去学。我赞同梁建章的看法，中学的知识完全不需要学习 6 年，学生的很多时间其实是在为高考做重复训练。同理，大学其实也不需要学习那么长时间。

其实，在国外，大学的学费普遍比较高，一个留学网站披露：美国一般私立大学学费每年为 2.5 万至 4 万美元（人民币 17 万至 30 万元），一般公立大学学费每年为 1 万至 2 万美元（合计人民币 7 万至 14 万元），而美国人 2014 年平均收入为 44569 美元。在日本，文学、教育类学费每年约 7 万元人民币，医学则约 29 万元人民币。

由此可见中国大学的学费并不比国外高，但性价比很低。学校教育经常滞后于市场需求，很多学生在学校真正用于学习的时间并不多。另一方面，大部分学生是冲着毕业证而学习的。所谓毕业证，也就是学校的一纸认证，学生们为了获得这一纸认证，付出的代价太高了，在经济学上这叫交易费用过高。

如果能够采取更灵活的大学学制，并且改革毕业认证体系，可以大大降低交易费用。这就要放开大学竞争，允许大学根据自己的利益灵活安排运营。比如，学生集中到校园学习的成本很高，而现在各种在线工具很发达，大学完全可以增加在线教育方式，以节约学生的成本。

图 7.11　在现有教育体制下，高校学费上涨确实是家长、学生不得不接受的痛，但这并不意味着高校办学成本以及学费就没有下降的空间，我们完全可以通过改革教育体系来降低成本和学费。

美国的哈佛大学、斯坦福大学等著名高校，开放了一大批网络公开课，教育资源的共享、免费在未来必将成为潮流。在技术进步的帮助下，人们获取优质教育资源将越来越容易。但是，教育体系的运营，尤其是教育认证，是改革滞后的。全世界的教育体系都面临挑战，而国内行政主导型的教育体系面临的挑战尤其大，所以，中国教育改革之路任重而道远。

“捐款”替代“拨款”更利教育

“母校是什么？母校就是那个你一天骂八遍，但是绝不允许别人骂的地方。”相信这话说出了许多人的心声，而对于那些事业有成的校友来说，“母校情结”绝不只是嘴上挂念，更是真金白银！

2017 年 6 月 2 日，京东集团创始人、董事局主席兼首席执行官刘强东携其创办的京东集团宣布向母校中国人民大学捐赠 3 亿元人民币，设立中国人民大学京东基金。

而在两个月前，号称“集美貌与才华于一身的女子”，国内“第一网红”——Papi 酱（姜逸磊）也与经纪人杨铭通过自己所属的自由自在网络科技有限公司，将人民币约 2066.6 万元捐献给母校中央戏剧学院，用于冠名东校区黑匣子剧场为“勿忘剧场”、设立“初心奖学金”等。

调查显示，1980 年至 2016 年，全国高校累计接受国内外社会各类捐赠总额高达 676 亿元，其中校友捐赠 230 多亿元，约占总额的 34%，39 所高校受捐金额上亿元。

不过，相比于以美国“常春藤联盟”为代表的顶尖高校，中国校友的捐赠金额及比例并不算多。此前有媒体报道，美国名校的校友捐赠率一般为 30% 至 40%，哈佛大学的捐赠率为 48%，普林斯顿大学捐赠率则高达 68%。

事实上，教育捐赠好过国家的教育拨款。在中国，社会捐赠渐成高校办学经费的重要来源，这是经济发展的结果，也是教育发展的趋势。

首先，教育拨款的效果很难评估。无论是以科研成果还是以就业率为标准，都很难判断。并且在教育拨款体制下，学校难免会围绕行政主管部门的意志来办学，以此来获取更多拨款，但是这却未必是市场、社会所满意的结果。事实上，高校很多课题无论是对学术还是对学生都助益甚微，但碍于行政部门需要，高校乐此不疲，这对教育资源是一种浪费。

相反，社会捐赠则会引导高校尽可能满足市场需要。高校只有授予学生市场（包括学术市场）所需的知识、技能，学生才能真正感觉受益，社会人士也才会用捐赠表达对学校的认可。

其次，教育拨款不利于公平，且易产生教育腐败。“马太效应”下，越是受到重点照顾的学校，越要与其他学校拉开差距，这对未受重点照顾的学校，显然不公。教育资源由行政分配，会导致腐败。有的是金钱腐败，有的则以其他形式为掩饰，比如在职学历，就有不少是资源交易关系。

而社会捐赠属于自愿行为，高校获得社会捐赠少，会迫使学校审视自身的教育办学方式。高校教育行政化是社会以及教育界诟病已久的问题。教育行政化的核心，是教育资源的行政化。减少教育拨款，让高校更多地获取社会捐赠来解决办学经费问题，有助于推进教育去行政化的改革。

最后，目前对教育捐赠的税收扣除，是不超过企业当年利润的 12%。在校友捐赠已成趋势下，我认为应该放开教育捐赠的扣除限额，鼓励企业更多地捐赠教育事业，这才真正是提高教育效率、功在千秋的好事。

图 7.12　社会捐赠则会引导高校尽可能满足市场需要。高校只有授予学生市场（包括学术市场）所需的知识、技能，学生才能真正感觉受益，社会人士也才会用捐赠表达对学校的认可。

PART 08

市场比医生更会救人

近年来，医患矛盾成为社会关注的热点之一，老百姓痛骂“看病难、看病贵”，痛恨某些医生收受医药回扣和红包，甚至导致“伤医”“杀医”事件频出，而医生不断为自己辩护，甚至罢工抗议。为什么经过不断的医疗改革，医患矛盾不但没有减弱，反而还有加剧的趋势呢？问题到底出在哪里？又该如何彻底解决医患矛盾呢？阅读完本章，我们心中的疑问就有答案了。

家属的知情权与医疗就是一项生意

家属拒不签字同意医生动手术，孕妇在昏迷中带着腹中胎儿死去，这是发生在2007年北京某医院一尸两命的悲剧，在当时引起了广泛讨论。

早在1994年，国务院就颁布了《医疗机构管理条例》，其中第四章第三十三条规定：医疗机构施行手术、特殊检查或者特殊治疗时，必须征得患者同意，并应当取得其家属或者关系人同意并签字；无法取得患者意见时，应当取得家属或者关系人同意并签字；无法取得患者意见又无家属或者关系人在场，或者遇到其他特殊情况时，经治医师应当提出医疗处置方案，在取得医疗机构负责人或者被授权负责人员的批准后实施。

这一规定旨在保护病人和家属在重大医疗问题上的知情权和决定权，但这次悲剧发生后，有人开始质疑家属签字的制度过于僵化，不少人在问：难道说仅仅因为没有人签字，医院和医生就可以毫不作为、任由两条生命白白死去吗？

对制度进行反思没有错，但有效的反思不能忽略制度成本，更不能认为制度是万能的。制度成本既包括维持制度需要付出的成本，也包括此制度带来的负面效果，人们只能在各种权衡中进行选择。菜刀是用来切菜的，但极端情况下，也有人用菜刀杀人，有没有什么制度可以弥补菜刀的这个缺陷？没有。因此在制度上，只能交给人们使用菜刀的自由，同时，承受菜刀杀人的极端悲剧。

似乎是把宝贵的生命庸俗地用成本来计算了，有人可能接受不了，但真实世界就是这样。在生命价值与制度成本之间，必须进行取舍，不要以为靠制度可以解决一切悲剧。马路上每天发生多少交通事故，导致多少悲剧？是不是应该再加一万条交通规则？

所以，不应因特殊、极端的案例而动摇对患者和家属知情权、决定权的保护。而目前最急需改革的，就是医药卫生体制改革。

近几年来，医患关系紧张、冲突频发，已经成为社会高度关注的热点，而频繁出现的“杀医”“伤医”案件，也让医生忧心忡忡。所以，加快医疗改革进程，发挥市场作用，也就是把医疗当成一项生意看，或许能成为“杀医”“伤医”频现的解决之道。

在各种“杀医伤医”案件背后，网络总喜欢讨论谁该为此负责，有很多人归罪为媒体不负责任的虚假报道，败坏了医生的形象。的确，有很多媒体记者没有遵循基本的职业道德，为了吸引眼球，不惜片面报道，加深了人们对医生的怨气，但媒体这么做，也是有原因的。

原因在于，医疗是计划思维非常严重的部门，在计划思维的影响下，人们认为，越是重要的东西，越不能当成生意，因为人们对重要的东西总有一种支付不起的本能恐惧，所以人们希望医疗不是一项生意，而是花钱少但又效率高的公益事业。要满足人们的愿望，似乎只有依赖万能的政府，才能摆脱医疗的生意特性，而有关部门也一直向老百姓这么承诺，媒体之所以胡乱报道，也是因为它们深知人们的这种深层心理。

然而现实中，如同所有的计划一样，越计划，越不能达到期许的目标。而媒体则继续说，正是因为医院把医疗当生意，所以才让医患矛盾越来越深，于是人们更加想消灭生意，只要公益。与此相似的另一个现象是，人们不喜欢高房价，不喜欢开发商，于是呼吁调控，结果房价越调控越暴涨。

其实，只有把医疗当生意，才能真正实现低价高效。吃饭比看病更重要，但正因为粮食是一门生意，所以大米普通人都能吃得起。而在计划经济年代，粮食不允许成为生意，所以大多数人吃不饱。

因为一个行业一旦不是生意，利益部门就有理由垄断它，权力部门就有理由干预它。在医改中，反对市场化态度最强烈的，恐怕就是职能部门。

医疗需要投入大量的资源，需要利润来指引社会资源进入，千千万万的生意人进入医疗领域，医疗才能价格下降、质量提高。也只有把医疗当生意看，暴躁的患者才能接受医生的失败，而不是稍不如意就把愤怒指向医疗服务从业者。

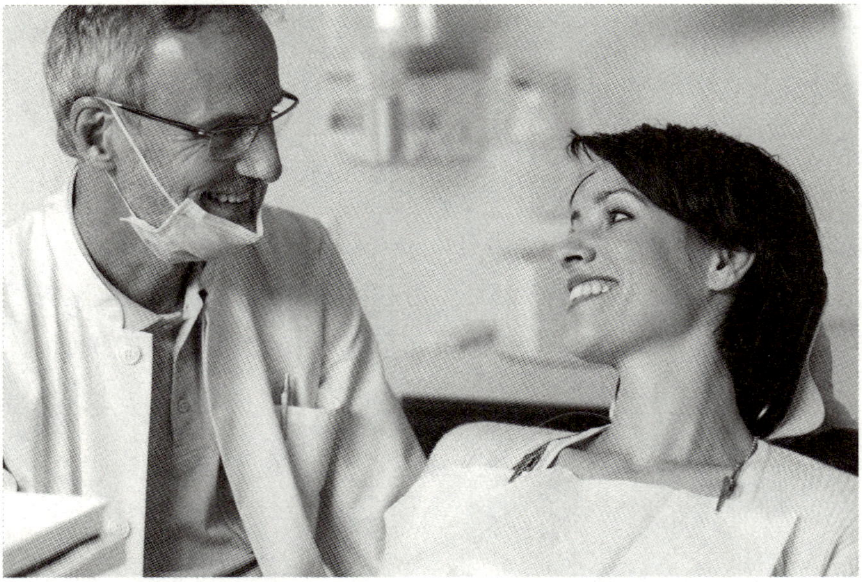

图 8.1　其实，只有把医疗当生意，才能真正实现低价高效。吃饭比看病更重要，但正因为粮食是一门生意，所以大米普通人都能吃得起。

改革药监体制之慢

提起我国的药品审批上市制度，人们首先会在脑海中呈现一个字——慢。就拿早已在全球百余个国家实施广泛接种的针对宫颈癌的 HPV(人乳头状瘤病毒)疫苗为例，时隔 10 年，也就是 2016 年才被批准进入中国市场。学者研究显示，审批如此之慢可能会使 5000 多万女孩错失接种良机，造成中国未来 38 万的宫颈癌新发病例和 21 万宫颈癌死亡病例。

审批进度慢、效率低，许多新药常被堵在审批路上，导致中国的药监部门备受诟病，但实际上，过于谨慎和效率低下不仅是中国药监部门的问题，其他国家也大体如此。

FDA（美国食品药品监督管理局）在保护美国人的药品安全上声名卓著，但这只是问题的一面。当美国人选择让政府来替他们把不安全的药品排除在市场之外时，他们同时也选择了一种延缓新药上市的体制。著名经济学家米尔顿·弗里德曼就曾批评 FDA：“FDA 标榜其批准的一个新药每年能拯救一万人的生命。但有多少人因为 FDA 没能早一年允许该药上市而死去？”FDA 官员批准的药出了问题，会被追责，但延缓新药上市则不会被追责，所以他们尽可能谨慎，并为延缓新药上市找借口：我们是为了药品安全。

于是，病人不得不想方设法通过其他方式购买药物。比如根据罗恩·伍德鲁夫真实经历改编的电影《达拉斯买家俱乐部》就反映了这一现实。在 1986 年罗恩被医生诊断患艾滋病，只剩下 30 天的生命，而他所服用的药剂是当时 FDA 唯一合法批准上市的一种艾滋病治疗药物，遗憾的是，这药物让他病情恶化得更快。但最终罗恩却活了 7 年，秘诀很简单，就是大量使用境外不被 FDA 批准上市的药物。由于 FDA 不允许企业经营未经批准的药品，罗恩组织了“达拉斯买家俱乐部”，以俱乐部的名义购买海外药物，而在这个过程中，FDA 的官员处处想办法刁难罗恩。

与美国 FDA 类似，中国的药监部门也面临这样的问题，如果放行的疫苗、药品出了问题，相关审批者是要被追责的，可能丢官，甚至坐牢；然而如果延缓疫苗、药品上市，则最多被舆论骂两句，没有人会被追责。

现代社会科技大爆炸，医药发展一日千里，凭药监部门的技术力量和体制惰性，怎么能够及时审核那么多新药？要知道耽误一种新药几个月，就有可能耽误成千上万条生命，如果耽误了上千种、上万种新药呢？那么有没有办法既让药监部门发挥作用，又不耽误新药上市呢？有的。办法就是药监体制从准入制改为认证制。所谓认证制，就是药监部门对新药达到何种程度的安全给予认证、说明，对未曾认证的新药，也允许患者自愿试用，患者自担风险。药监部门从一个权力部门变成提供药品安全意见的服务部门，医药纠纷由法院来解决。改为这种体制之后，类似于宫颈癌疫苗

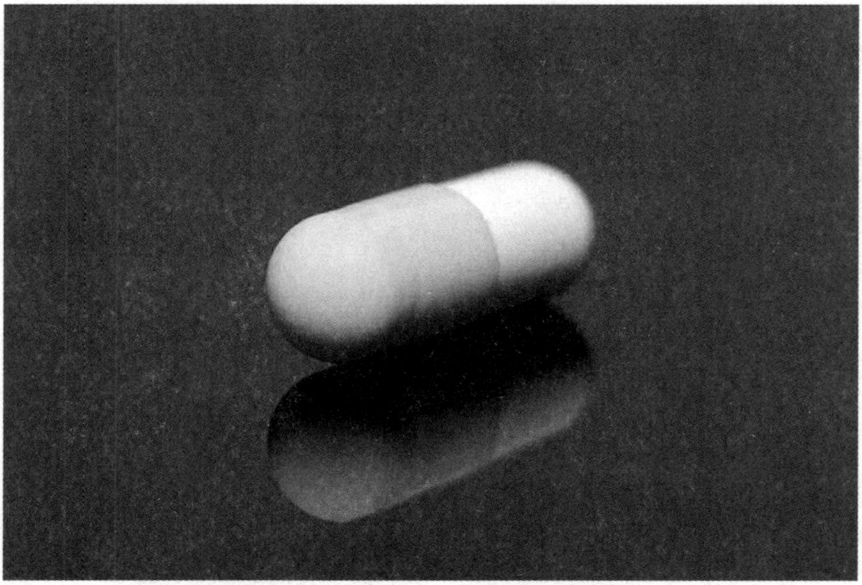

图 8.2　所谓认证制，就是药监部门对新药达到何种程度的安全给予认证、说明，对未曾认证的新药，也允许患者自愿试用，患者自担风险。

这样的新药，人们就完全可以根据它在国外的表现，自行选择是否使用。同时，市场化的新药认证机构以及保险公司也可以参与进来，为人们提供参考。这样就完全避免了新药问世即变“老药”的窘境。

品牌机制可解疫苗之殇

在中国，每个孩子要打 20 多种疫苗，成人也要不定期地打一些疫苗，疫苗的需求如此大，但是，你在电视上看到过疫苗广告吗？你在地铁里看到过疫苗广告吗？你在马路边看到过疫苗广告吗……你从来没有看到过疫苗广告对不对？那么，你想过其中的原因吗？

在揭开谜底之前，我们先来说一件事。2016 年 3 月，山东警方破获案值 5.7 亿元非法疫苗案，疫苗未经严格冷链存储运输销往 24 个省份，疫苗含 25 种儿童、成人用二类疫苗，在社会上引起轩然大波。事件发生后，你首先想到的是什么？监管失职！一定抓那些失职的人。对了，这就是你看不到疫苗广告的原因——疫苗是被严格监管的。

得到答案之后，你一定会说为了避免以后再发生疫苗之殇，一定要加强监管。但是，你有没有想过，监管，很可能就是造成疫苗问题的原因呢？

因为有疫苗监管，人们就盲目相信监管部门。因为有疫苗监管，那些不合格的疫苗只要走通监管部门，就为人们所接受。因为没有消费者选择这回事，所以，好的疫苗企业做广告也毫无意义，广告预算变成了公关预算，监管逐渐取代了品牌机制，而没有品牌机制恰恰是非常危险的。

经济学家张维迎问过一个问题：为什么土豆没有品牌，而电视机有？这是因为土豆的信息不对称情况很少，人们很容易挑选。而对电视机，人们是很难了解其内部构造的，信息不对称很大。你怎么知道你买回去的电视机会不会用一个月就坏了呢？按照传统经济学的看法，信息不对称，消费者会吃亏，但市场却会解决这个问题，它的方式是：企业投入大量的广告费用来建立品牌。人们选择品牌电视，如果电视机买回去用一个月就坏了，人们就不会再信任这个品牌，企业为品牌投入的几十、上百亿元就打水漂了。

不仅电视机如此，所有信息不对称的产品均是如此。原因就在于，你因为担心信息不对称而不敢买那些商品，企业比你更担心！它们必须帮你解决这个担心，让你购买它们的商品。

很多人对疫苗是不了解的，按道理这个行业迫切需要公共品牌，但却没有！

假如有疫苗品牌，企业就会精心维护品牌，死守商品质量，做好储

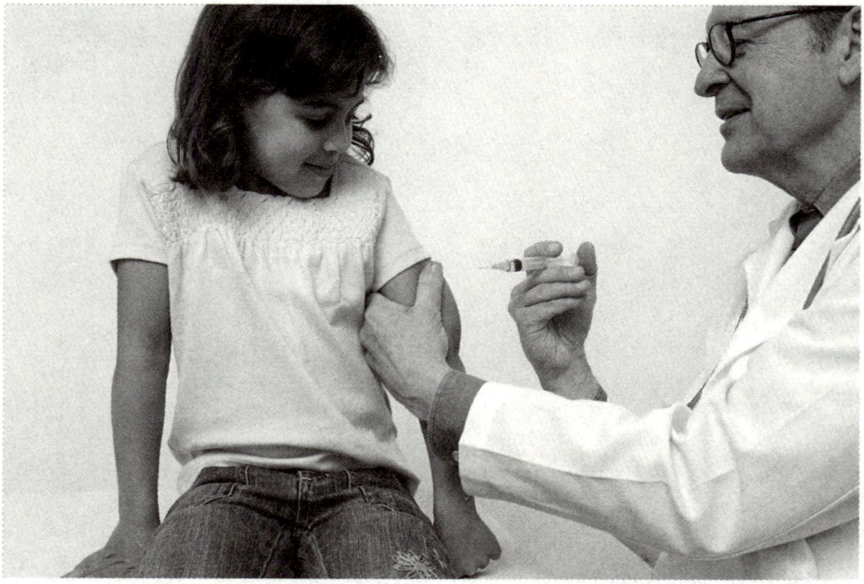

图 8.3　假如有疫苗品牌，企业就会精心维护品牌，死守商品质量，做好储存、运输、供应、销售、分发等多个环节，并且主动打击假冒疫苗。

存、运输、供应、销售、分发等多个环节，并且主动打击假冒疫苗。因为，如果企业不这么做，它损失的品牌价值是以亿计的，只要全国任何一个地方出问题，这个企业就毁了。同时，企业还会给疫苗降价，以建立消费者的品牌忠诚。

而在监管体制下，由于没有品牌需要维护，一些黑心商家就会花钱去“公关”监管部门，赚一把就跑路。比如一些失效疫苗，小孩使用了，虽然并没产生免疫能力，但只要这个地区恰好没有遇上这种病，就掩盖过去了，就没人来追责，黑心商家当然愿意冒险赚这个钱。

所以，那些优秀的疫苗企业，即使生产质量再好、价格再低的疫苗，面对黑心商家也毫无竞争之力。因此，疫苗之殇，别再呼吁加强监管了，要呼吁的是放开市场，建立疫苗的品牌机制！

某医院为什么把科室承包给莆田系？

2016 年 4 月 12 日，一个名叫魏则西的青年去世，他的去世新闻刷爆了朋友圈。因身患滑膜肉瘤，魏则西通过百度搜索找到北京某医院，尝试号称有效率达到百分之八九十的“肿瘤生物免疫疗法”，但在花费了 20 多万元后，魏则西的病情却未见好转，不幸去世。

随着魏则西的逝去，百度医疗原罪再次被大众口诛笔伐，而潜伏在事件背后的莆田系和医院承包体制也被推至风口浪尖。

网上最强烈的质疑就是该医院“肿瘤生物免疫疗法”是虚假宣传，并称它在国外已经被淘汰，但中国临床肿瘤学会副理事长、南方医科大学肿瘤中心主任罗荣城在《生命时报》上却说：“生物治疗与免疫疗法并不是‘虚假疗法’，它受到世界肿瘤学界的绝对认可。”罗医生是著名公立医院的肿瘤医生，且其科室未外包，所以，他并没有私利动机为莆田系医院说话。而且就这个案例来说，无法证明魏则西的去世与其所使用的细胞免疫疗法存在因果关系。

北京某医院错在不应该夸大宣传，担保疗效。按照民法原则，病患方可以向该医院追讨赔偿，医院再去解决它和承包者的纠纷。但舆论的反应如此激烈，上升到谴责医疗逐利的程度，谴责公立医院科室外包的程度，这恐怕又将迎来一波医疗逆改革，如清理科室外包、医疗设限更严等。

医疗逐利真的必然带来恶吗？逐利也分很多种。有人逐一时之利，有人逐长远之利。逐一时之利，除了面临法律风险，也会遭受消费者淘汰；逐长远之利，则会努力看病，踏实收费，建立品牌、声誉，这种逐利何错之有？

假定医院品牌是你的，你会因为一时之利而让它遭受损失吗？即便你是富二代，并不在乎长远利益，也可以把这个品牌转让给别人，转让所得也是一笔不少的钱，一般会胜过利用品牌来坑害消费者。

魏则西事件，其实就是莆田系的一些人损害了该医院的品牌价值，为自己牟利。而除了这家医院，还有其他很多公立医院科室外包。如果自己经营，风险可控，不用担心承包者的行为砸了自己的牌子，而且有这么好的牌子，盈利也不成问题，为什么这些医院还要把品牌交到别人手里呢？

公立医院之所以会把品牌出租（科室外包），就在于它们虽然建立了一些品牌，但它们自己并不能很好地发挥这些品牌的价值，所以不如租出去合算；而民营资本不愿意投入太多资金建立品牌，因为有各种医疗管制，即使做出来品牌也不能自主定价，品牌投入未必能够收回，不如租别人的品牌合算。其次，人们反医疗市场化的情绪，也使得民营医院容易受到偏见的影响。

另外，公立机构最大的问题就是激励机制，经营者没有积极性，对员工的奖励也受到种种制约。相反，民营资本将其承包，用的医生还是来自于公立医院，但运营机制却要灵活得多，利润也要高得多，而医生会受到更多的正向激励，这其实对病人也是有利的。

用经济学的话来说，就是很多公立医院，它们的牌子就有很大的租值，但在公立体制下，租值是耗散的，民营企业承包公立医院的科室，是挽救其租值，对医患双方都有利。

所以，现有的医院品牌、牌照严重稀缺，导致了公立品牌寻租，莆田系替公立医院挽救耗散的租值；民营资本建立品牌、获得牌照受阻，公立医院帮助莆田系避免品牌建设的政策风险，交易就可以达成了。但是这种

图 8.4　公立医院之所以会把品牌出租（科室外包），就在于它们虽然建立了一些品牌，但它们自己没有很好地发挥这些品牌的价值，所以不如租出去合算；而民营资本不愿意投入太多资金建立品牌，因为有各种医疗管制，即使做出来品牌也不能自主定价，品牌投入未必能够收回，不如租别人的品牌合算。

交易是存在隐患的，因为品牌并不是莆田系自己的，只是租用一段时间，自然不会像对自己的品牌那样珍惜。

莆田系的部分害群之马理应严惩，但谁来替代害群之马呢？如果清理科室承包现象，退回到品牌不许出租的状态，那只不过是换了一批人来损害品牌而已。不解决管理问题，打击莆田系医院也不会有更大的医疗服务上的改进。但要说全面放开医疗管制，解除民营医院建立自己品牌的各种障碍、束缚，让优秀民营医院胜出，舆论会说，管制下还有这么多问题，如果不管制，不是更糟糕？所以，值得深思。

为何会流行去印度“旅游看病”？

说起印度，很多人心目中就会浮现出“种姓制度”“强奸频发”等印象，其实这是片面接收到媒体信息所产生的偏见。作为金砖国家，印度近年来经济发展迅速，尤其在一些市场化的领域，印度政府抓住机会鼓励其发展，比如医疗领域。

和中国以公立医院为主相比，印度医院最大的特点就是公立医院只占30%，而私立医院占有 70% 的市场份额，并且较好的医院多是私立的。同时，作为世界第三大仿制药生产大国，印度生产了全球 20% 的仿制药，并使制药业成为印度经济的支柱之一。

经济快速发展的印度，也在深深地影响中国百姓的日常生活，仅以医疗领域而论，印度就可以替中国患者省下大量的成本。

以丙肝治疗为例，据世界卫生组织的数据显示，中国有 1000 多万丙肝患者，和乙肝不同，丙肝是可以治愈的。但是，在国内，丙肝患者治愈需要人民币 4 万元以上，而在印度则只需要 8000 元人民币。并且患者不需要亲身到印度，因为丙肝治疗是高度标准化的，所以患者只要把资料发给印度医生，印度医生远程诊疗，并把药寄到中国就可以了。仅此一项，丙肝患者就可以省下不少钱。

在印度，医疗旅游也是一个政府鼓励发展的产业，过去十几年中，来印度医疗旅游的患者增长了 150%，医疗旅游的大爆发让印度政府在 2015 年 7 月宣布将设立国家医疗保健旅游局，来保障海外游客的治疗质量。而在这些游客中，不仅有来自非洲国家、印尼等发展中国家的患者，还有来自美国、英国等发达国家的患者，他们之所以会选择来印度看病，就是因为印度质优价廉的医疗服务。

印度看病为何便宜？首先，自由贸易有利于贸易的双方。在医疗领域，中国很多医药、材料的进口管制多、关税高，提高了老百姓的医疗成本。上面提到的中印之间巨大的医疗差价，其实也提示中国应该加快医

图 8.5　近些年中国医患关系紧张，很多医生表示失望、伤心，病人也有一肚子抱怨，而医患关系紧张背后深层次的原因，是医疗资源紧张。

疗领域的改革，而改革也不要只寄希望于公立医院，而应该寄希望于市场化，因为创造低价医疗奇迹的，正是印度发展迅猛的私立医院。

印度医疗价格低廉的另一原因是政府允许仿制药。药企向政府申请即可仿制，不要认为印度的仿制药就是山寨货，其科技含量其实很高，印度的仿制药在剂量、安全性、效力、质量、作用、适应症上和专利药几乎相同，只不过不受专利保护的束缚，因此价格只有专利药的 20% ~40%。而且印度早就意识到，仅靠模仿是没有出路的，因此他们也逐渐加大了对研发的投入。印度在仿制药方面取得的成绩，也的确能给我们一定的启发。

近些年中国医患关系紧张，很多医生表示失望、伤心，病人也有一肚子抱怨，而医患关系紧张背后深层次的原因，是医疗资源紧张。因此，有些人退而求其次，跨国到高度市场化的印度私立医院治病，这不仅可以为患者省钱，还可以大大缓解中国的医疗资源紧张的局面。但归根到底，中国人并不能总依靠去印度看病来解决我们自己的问题，加快自身医疗领域的改革才是我们最终的解决方案。

PART 09

从出生到养老的陷阱

从“独孩”政策到全面放开二孩，到“以房养老”，再到“渐进式延迟退休年龄”……所有的这些，似乎都指向了一个问题：如何养老？

如何养老向来是人们放在心头的人生大问题。那么造成这一问题的根本原因是什么？未来我们将如何养老？你的疑惑将在本章中得到解答。

21 世纪应该生小孩的理由

经济学教授陈志武在一次演讲中说：在中国古代，由于金融产品不发达，老百姓无法通过金融投资养老，只好通过生小孩养老。但是这也存在风险，万一小孩长大后不愿意承担赡养责任怎么办？于是，儒家的孝道被大力提倡，以确保在思想教育上为养儿防老奠定坚实基础。

如今，虽然孝道以及宗族观念的影响在农村依然可见，但是越来越多的儒学者已经放弃流传几千年的“不孝有三，无后为大”的观念了。生活在都市里的人们，更多的是通过购买养老保险或者进行其他金融投资来为自己养老，越来越多的老年人选择不和子女住一起，而是购买养老服务，到一些养老中心与其他老人聚居。

金融产品既解放了老人，也解放了后辈，因此越来越多的白领选择做丁克族，他们自信可以通过各种“商业”给自己养老。但是且慢，丁克族的选择真的没问题吗？在你选择之前，有没有仔细审视中国计划生育政策的后果和未来人口结构的变化，以及由此而来的经济变化？

说到计划生育，相信“80 后”的父母们并不陌生。计划生育的施行，虽然使中国的人口增长放慢了，但另一个更严重的问题来了：人口老龄化。

根据统计，近年来，我国的总和生育率一直维持在 1.6 左右，最低估计是 1.22，最高估计是 1.8。新生婴儿性别比平均在 127 左右，因而，总和女婴生育率约 0.7，而总和女婴生育率正是人口长期趋势的决定性因素。这一代的每 1000 个育龄妇女将生下 700 个女儿，其中还有 25 个会在育龄前死去，算上不育者，只有 600 多个会在下一代成为母亲，这个比例显然无法保证正常的代际更替。

20 年后，人口急剧减少已成定局，这样，经济学就将面临一个问题：明天，谁来养中国老人？

虽然现在放开了二孩，但由于生存竞争压力大，现在的父母生孩子，一般期望他们完成大学学业，投入很大，因此很多人对是否生二孩持有疑虑。当然，有关部门可以强力控制人们多生，但当人口下降时，对那些选择少生甚至不生的人，有关部门将无策以对，欧洲国家的人口负增长就是这样。或许在未来，中国就要采取移民开放的政策来解决人口难题了。

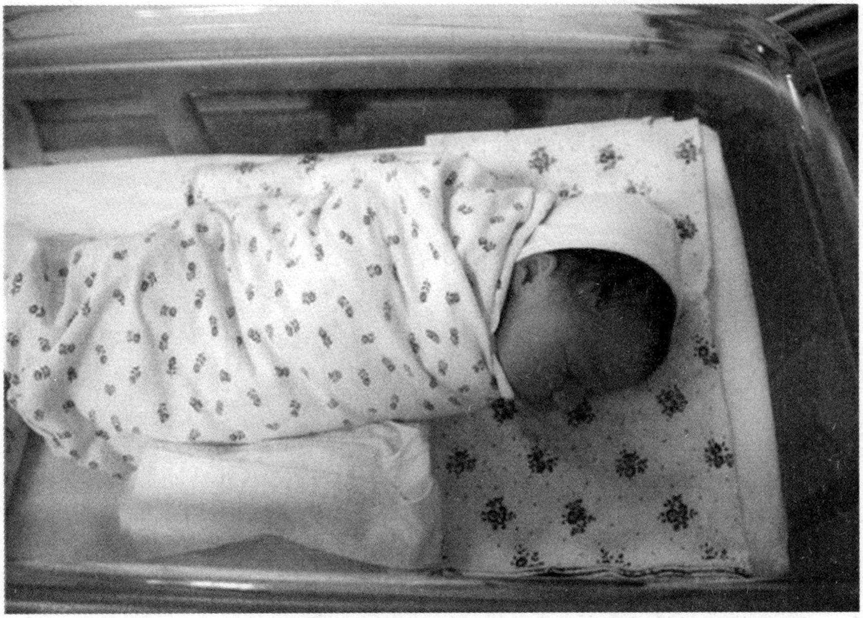

图 9.1　中国的人口增长放慢了，但另一个更严重的问题来了：人口老龄化。

所以，如果你选择做丁克族，你应该意识到，可以为养老进行储蓄，但你储蓄的只是金钱，随着长期人口减少，房屋等固定资产不会一直保持巨大回报。而供养庞大的老人群体，需要年轻人来生产实实在在的资源，年轻人过少，就无法承受社会的养老体系，也许到那个时候，会有人意识到，生小孩是利国利民利己的大好事。

因此，从长期投资的角度分析，未来的投资莫过于“生小孩”。

自然生育不会造成灾难

计划生育一直以来都是我国的重要国策，在它实行的这一长段时期内，“优生优育、只生一个好”的观念似乎已经深入人心了，然而在这几年，越来越多的人开始指出独生子女政策带来的弊病。

计划生育最大的影响是降低了未来经济增长潜力，造成很大的养老压力，这也使很多超生的富人选择海外产子，以提前规避这一问题。而国家也开始意识到实行了几十年的计划生育政策所带来的一些弊端，因此开始放开二孩政策。

对于放开二孩，大多数人是表示支持的，但也有少数反对的。比如有的网友就说：“人类严重破坏地球生态环境，将毁灭地球，还是不要放开二孩政策的好。”

其实，关于发展和资源之间的矛盾的讨论早已有之。有一个在 1968 年 4 月成立的名叫“罗马俱乐部”的组织曾名噪全球，这是一个研讨全球问题的智囊组织，最主要的工作就是宣传资源有限论。按照罗马俱乐部的“计算”，人类将很快耗光煤、石油等各种资源，然后经济增长就完蛋了。在它 1972 年发表的第一个研究报告《增长的极限》中，提出以“零增长”来应对资源局限。今天，罗马俱乐部基本上销声匿迹，因为发展的现实彻底驳倒了它。罗马俱乐部那群人连一个基本的问题都没搞清楚：发展，是提高资源使用效率，并不断发掘新的资源的。

计划生育的思路和罗马俱乐部是同出一脉，就是认为发展和资源必然矛盾。20 世纪末，学者何清涟发表著作《现代化的陷阱》，其中就把人口增长视为现代化的陷阱之一。但是，让生育决策回归家庭真的会引起人口灾难吗？

首先，让生育权力回归家庭不会导致人口无序增长，而会让人口结构更加合理，因为家庭会根据实际情况来决定生育。从古到今，无数资料证明，随着经济发展，人们会减少生育，这是因为，经济发展，夭亡率大幅降低，且养老资源更丰富，人们自然就降低了生育意愿，发达国家的生育现状就证明了这一点。家庭的自动调节是和经济发展程度相适应的，不会

图 9.2 计划生育的思路和罗马俱乐部是同出一脉，就是认为发展和资源必然矛盾。

造成人口结构和经济水平的脱节。

其次，当今的资源是全球配置的。中国现在是最大出口国，如果中国人口结构更合理，生产财富的人口越多，对资源的利用效率就越高，更多的资源会被利用起来，这样中国人不仅可以扩大出口，也可以赚更多钱，更好地享受全球资源。

再次，随着中国人口结构不合理现象日益明显，越来越多的外国移民进入中国，这可以弥补中国人口结构的缺陷。

在人口问题上，改善人口结构，才能让人们对未来更有信心。

中国城市的人口争夺战

在中国，人口基本上是可以自由流动的，这也就导致人口的流入流出产生不同的效应。一般来说，经济增长快的地区，人口增长会慢下来；而经济增长慢的地区，人口增长会比较快。

珠三角、长三角和北京等地区早已进入老龄化社会，人均 GDP 已逼近某些发达国家，但是这些地方经济为何还在发展呢？因为有另一只无形之手在拨弄经济的脉搏——流动人口，他们成为影响经济发展的核心要素。如果没有外来劳动人口的支持，珠三角、长三角的养老或许面临压力。

在独生子女占主流的社会，养老必然要更多地依赖较高的资本回报率。但随着中国老龄化的到来，中国人在改革开放期间积累起来的资本，回报率必然受到很大影响，这进而影响中国人的养老问题。要解决劳动人口下降带来的资本回报率下降问题，有两条路：

一是资本往劳动人口多的地方流动，如，中国人可以投资印度、越南等。但海外投资也是问题多多，政策风险很大，并且难以解决资本积累较少的老人问题。第二个办法是让人口随着资本流动。目前，中国国内人口随资本流动规模很大，但问题很多。比如，户籍等级制度为外来人口制造了上学、就业、创业等诸多不便。

不管人们是否愿意，越来越多的海外劳动力将进入中国，这是经济规律的力量决定的，无人可以阻挡。不过我们仍然高兴不起来，因为海外劳动力进入中国这件事，更是问题多多。据说，现在一些海外劳动力来到中国，第一件事情就是撕掉护照。原因是什么？因为一旦他们犯事，中国查不到来源国信息，就无法将他们遣送回来源国。

接下来，不能在人口问题上再犯错误。首先，建议尽快放开生育，从两年前全面放开二孩的政策，就证明我国已经意识到计划生育所带来的人口红利消失、临近超低生育率水平、人口老龄化等问题，正在努力改进。

其次，应加快消除人口流动障碍。附加在户籍制度上的各种限制应该

图 9.3　因为有另一只无形之手在拨弄经济的脉搏——流动人口，他们成为影响经济发展的核心要素。

赶紧取消。比如，应放开民间办学，让迁移家庭的小孩可以在父母身边读书。对外来人口的限制越少，越有利于本地的经济发展和社会治安。

如果中国没有在户籍制度上加快改革，不以开放的心态对待海外劳动力，恐怕将无法应对未来的海外人口流入潮。试想一下，如果一个地方充满了户籍不明甚至国籍不明的“黑人”，这对该地的社会治安岂不是一场灾难？

比人口负增长更可怕的是养老金问题

2009 年 12 月 31 日，深圳遭遇有史以来最大的一次“退保潮”，仅这一天退保的人数就达到 1.8 万，而退保者大多数是来自外省的农民工。

为何农民工成为第一个用大规模的实际行动对社保说“不”的群体？是他们特别短视、只关注目前不关注未来吗？谁如果这样想，谁恐怕就低估了他们的智慧。

北大光华管理学院章铮教授的一项专门研究指出，民工荒主要发生在 25 岁以下的年龄段中。这主要是由于劳动密集型产业主要需求 25 岁以下的青年人，而农村人口的年龄结构发生变化，年轻农民工的供应相对减少；另外，年龄偏大的农民工，由于不能适应企业需求，退回到了农村。这么解读民工荒是否正确，还有争议，但章教授指出的农村年轻人口减少的事实，非常重要。

章教授的研究所揭示的人口结构问题，农民工身在局中，可能感受更直接。有可能他们没有这些复杂的看法，但他们直观地重现金、轻社保。的确，社保问题比较复杂。

目前的社保体制是“即收即付”型的，即用已经收到的社保缴纳金，支付给开始领取养老金的老年人，而不是靠社保基金的获利能力来支撑的。这个体制目前还不会发生问题，因为缴纳社保金的人数大大多于领取社保金的人数，因此有很多人看到他们的父辈领取的社保金数额还算不错，于是认为他们老了以后也能这样顺利领取。

但是，根据媒体报道，多位人口学者表示，全面二孩政策对中国人口数量和结构的影响可能会低于预期，中国人口负增长有可能提前在 2023 年左右到来。人口学者黄文政估算，全面二孩后，出生人口将在 2017 年达到高峰，峰值估计在 1750 万到 2000 万之间的某个点，然后从 2018 年迅速开始大幅下滑。这也就意味着，等如今三四十岁的人老了，就会出现缴纳社保金的年轻人少、领取社保金的老年人多的局面，他们能领到的社保金，要么数额大减，要么数额不减但购买力严重贬值。

在未来，人口负增长已经是难以避免的事实，但值得庆幸的是，对养

图 9.4　在未来，人口负增长已经是难以避免的事实，但值得庆幸的是，对养老问题来说，眼下还有可以改革、可以避免的问题，那就是养老金。

老问题来说，眼下还有可以改革、可以避免的问题，那就是养老金。

前面提到，目前的社保体制是“即收即付”型的，它的问题是缴费人口逐渐减少而领取养老金的人则逐年增多。延迟退休也避免不了养老金体系的这一问题。而且这一问题不是中国独有的，世界上所有市场化程度缺乏的养老金都是如此。

要避免养老金再犯计划生育那样的错误，现在就应该进行市场化改革。首先，政府体系的养老金，应该采取自愿加入的办法，当然，囿于现在人们的观念，这一点很难做到，退而求其次，养老金在管理上应该市场化。

养老金管理市场化做得比较好的是智利。智利的养老金完全由个人管理，个人可以选择由哪个保险公司来运营，个人账户完全可以继承。北京大学国家发展研究院院长姚洋也提出，个人账户应该做大、做实，并且由个人选择交给哪家公司打理，通过保险公司的市场化竞争，来提高养老金的投资回报。

这些市场化的措施虽然不能完全解决养老金的问题，但可以大大缓解养老金问题。

企业交养老金是幻觉，不涨工资是真痛

养老金问题是最近几年人们关注的热点。诸如延迟退休、养老金压力等话题，都能激起广泛的讨论。很多网友认为，公司按我工资收入总额缴纳 20% 养老金，是员工额外得的。如果取消了养老金，老板也不会把这笔钱发给员工。

但是，事实真是这样的吗？中央财经大学研究生客座导师、会计专家马靖昊曾做过一个计算，按照现行五险一金制度，万元税前工资，你拿到

了7454元，企业实际支出了14410元，企业缴纳的社保金额约为4410元，个人支付2223元，两项合计6633元。马靖昊称，按照上面的计算，很容易知道，只要雇员的工资收入翻一倍，单位用工支出就要翻两倍，这样，用人单位决定给员工加工资时的冲动就会逐步变得疲软起来。马靖昊的计算，不知是否可以让你清醒过来？

员工的工资是由市场供求决定的。万元税前工资，企业实际支出14410元，就说明，在当前的劳动力供求关系下，企业愿意掏14410元来雇用你，而你的劳动价值也超过14410元。至于这钱进了你口袋还是进了养老金池子，对企业来说没有差别。所以，如果不强制企业、员工加入五险一金体系，万元税前工资的员工可以要到14410元。（当然，严格来说，如果可以自愿选择是否缴纳养老金，那么，劳动的供给会增加，企业的确可以压低一部分工资。但是考虑到劳动供给增加所带来的效率提高，人们的实际所得还是会大于14410元。）

很多人不理解供求决定薪资水平的道理。他们说，老板怎么会那么好心把企业原来要交的那部分养老金当工资发给你？他们不明白，老板把那部分钱发给你，不是因为好心，而是由市场供求决定的。

假定现在政策规定，所有五险一金都要个人交，那么万元税前工资会发生什么变化？员工会要求企业把工资增加到14410元，低于这个数，劳动供给就会减少，市场又会把工资抬上去。

如果还有人没明白企业会把20%养老金发给员工的道理，他们应该思考一下马靖昊的计算。

由于你的工作表现好，或者由于通货膨胀，你应该加薪1000元时，老板会考虑到企业还得支出额外的五险一金，他可能就不敢给你加薪，或者，给你加的薪水里，事先扣除企业交的五险一金部分。总之，你以为企业替你交的养老金是你的额外所得，其实或早或晚都在你的工资里减扣了。

企业和员工不是对立关系，而是一种和谐的合作关系，因为如果企业搞不好，员工必然也是受损者。

养老金具有广泛的民意基础，而这些民意基础往往又建立在各种幻觉之上，打破这些幻觉，才能认识到养老金的真相。

图 9.5　只要雇员的工资收入翻一倍，单位用工支出就要翻两倍，这样，用人单位决定给员工加工资时的冲动就会逐步变得疲软起来。

延迟退休，以后你就慢慢懂了

近几年，网上有关延迟退休的消息层出不穷，这些消息在成为人们茶余饭后的焦点话题的同时，也让很多人的生活不再平静。每当有媒体放出“延迟退休”的话题时，就会引来国人骂声一片。但是，情绪不能改变现实，延迟退休是世界各国的普遍选择，北欧一些国家的职工甚至要工作到70多岁。原因是，养老金收益低，无法承担养老任务，只好不断推迟退休年龄。

2015年12月2日，由中国社会科学院人口与劳动经济研究所及社会科学文献出版社共同主办的《人口与劳动绿皮书：中国人口与劳动问题报告No.16》在北京举行发布会。该报告建议，从2018年开始，女性退休年龄每3年延迟1岁，男性退休年龄每6年延迟1岁，至2045年男性、女性退休年龄同步达到65岁。

我国之所以会采取渐进式延迟退休年龄的方式，是因为随着老年人变多、年轻人变少，领钱的人多，缴钱的人少，社保体系面临巨大压力。延迟退休一方面延长了缴社保的时间，增加了收入；另一方面缩短了领取社保的时间，减少了支出。

人们反对延迟退休可能是基于两点：一是自己不愿意推迟退休，二是认为老年人延迟退休减少了年轻人的工作机会。甚至有人因此编了这样的段子："延迟退休后，年轻人无法就业，每天逛公园，老年人没法退休，每天上班。于是早上的时候，老妈就喊了：'儿子，你上午去公园遛鸟之前，先扶你爸爸去单位上班。'"

那么，老年人延迟退休是否会挤占年轻人的工作机会？一个社会的养老，不管采取什么形式，市场化养老也好，社保养老也好，政府用税收来养老也好，说到底，都得有人提供商品和服务。老年人增加工作年限，就是增加了商品和服务，减轻了年轻人的负担。年轻人负担减轻，才会有更多的机会和精力创新、创业，创新、创业多，工作机会就多。

什么是工作机会？工作机会就是，别人用商品和服务来换取你的商品和服务。中国的人均寿命在增加，假如人均寿命增加而工作年限不增加，年轻人工作了，却换不回商品和服务，那不叫工作机会，那叫白干活。同时这也是对人力资源的浪费，给年轻人增加了更多负担。

老年人增加工作年限，意味着有更多的人拿商品和服务来跟年轻人交换，这会增加年轻人的工作机会，而不是减少年轻人的工作机会。老年人是自己为自己创造购买力，从而增加了社会的整体购买力，整体购买力增加，年轻人当然更有机会。

以前计划生育得到支持，就是因为很多人以为，人口多了，工作机会就少了，其实这是理解反了。人口多，意味着你可以通过市场的纽带进行合作的人就越多，因此，越是大城市，工作机会越多。所以，年轻人会因为延迟退休而减少工作机会，其实只是一个错觉。

值得注意的是，按照现行规定，缴满 15 年社保即有资格享受养老金，这不是说缴满 15 年就不需要再缴社保了，只要继续处在雇用状态，到退休年龄之前就必须交。在这种规定下，人们将如何选择呢？很多职业竞争力下降的老人会选择从事非雇用的工作，以减少缴纳社保，而从企业的角度来说，为了节约社保支出，也会减少雇用老年人。

老年人在职业上本来就竞争力下降，如果延迟领取养老金的同时，也拉长缴费年限，这无疑会增加大龄人的就业难度。人如果在年龄较大时失业，就很难被雇用了。因此，在推出延迟退休政策时，应该考虑不要把老年人大规模逼向零工市场。

所以，建议不要把强制缴纳养老金的年限再延长。比如，按照现在的规定，缴满 15 年之后，女性到 50 岁、男性到 55 岁就不再强制缴纳了。如此，企业社保成本低，有利于老年人就业，也有利于减少延迟退休的反对之声。

另外，我们还需要更灵活的劳动制度。因为对许多企业来说，有些员工本来应该解雇，但按照现行相关劳动法律，解雇成本太大，正好可以借退休解雇。而延迟退休影响了企业的用人计划，如果有更灵活的劳动制度，就更有利于企业、员工调整。

延迟退休是老龄化的必然后果。没有谁会希望出现这种情况，但现实上，已经无法避免这种情况出现，这一点，随着老龄化越来越严重，以后你就慢慢懂了。

图 9.6 老年人增加工作年限，意味着有更多的人拿商品和服务来跟年轻人交换，这会增加年轻人的工作机会，而不是减少年轻人的工作机会。

PART 10

远方是诗还是泡沫：房价走向何方？

“有人的地方，就有江湖。”这句话大家耳熟能详，现在这句话恐怕要改成“有人聊天的地方，就在讨论房价”。房子，这座由钢筋水泥搭成的建筑，被国人赋予了太多的意义，也成为国人一生中的大事。但愈来愈高的房价让买房似乎已经成为人生中的难题。房价的快速上涨，在让普通人难以承受的同时，也给中国经济领域带来了许多问题和挑战。那么，中国楼市蓬勃发展的同时，暴露和隐藏着哪些问题？究竟谁是高房价的幕后推手？……诸多关于房子的问题，本章将带你逐一分析。

年轻人变穷了，是因没赶上“房产泡沫”？

在中国一些长辈的眼中，现在的年轻人应该生活在一个非常好的年代，大部分人吃穿不愁，用着比过去更好的手机，娱乐方式比过去更多，营养比过去更好。但是，很多年轻人却不这样认为，他们觉得钱不够花。而且最近这几年，似乎“年轻人变得更穷了”这个话题也成为媒体关注的热点话题，并得到很多年轻人的共鸣。那么，生活条件好了，年轻人为什么还会有“更穷了”的感觉呢？

经济学家周其仁曾说过：“这些年来，房子是拉开居民财富收入差距的最大因素。”相信周教授的话符合大多数人的生活感知。在互联网上曾流传着这样一个笑话：在20世纪90年代，上海某人辞职卖房创业，经过20年的辛苦打拼，他终于存够了400万元，买回了卖掉的房子。由此可见，辛苦创业20年，还不如手里有一套房。当然，房子并不是唯一拉开财富差距的因素，其他资产也构成了其中缘由。这是因为，在一个世界性的、长期的宽松货币环境中，资产价格会畸形上涨。

财经作家吴晓波就曾在一篇文章中指出，中国正在形成一个食利阶层，“即那些拥有不动产、股票、有价证券、票据，仅仅靠利息、股息、地租就能获得稳定的甚至不断扩大的现金流的人”。这些食利者的财富大多数是拜宽松货币所赐。换句话说，他们赶上了泡沫的盛宴，把握住了泡沫的机会。

所以，如果你只是一个普通人，那么你和食利者之间的差距就会变得越来越大。不要说刚毕业不久的年轻人，就是那些工作多年的人，如果没有持有资产，也会感觉自己越来越穷。因为靠劳动赚取回报的普通人，永远比不上那些靠资本赚取回报的食利者。

随着科技更新换代加速，年轻人其实更具竞争优势，即使学校教育滞后于市场需求，他们也可以在毕业后通过再学习快速地适应市场需求。然而现实总是无情的，尽管新一届毕业生更优于上一代的前辈，但是，新一届毕业生也面临越来越大的房价收入比。房价收入比指的是住房价格与城市居民家庭年收入之比，也就是说你要买一套 200 万元的房子，你的年收入 10 万元，那么房价收入比就是 20，也就是说你要不吃不喝 20 年才买得起房，这意味着，毕业的时间越晚，你靠工资购房的可能性就越小。被房子压垮的年轻人，想要获得所谓的财务自由，跃升为社会的富裕人群，其难度并不亚于六合彩中奖。

年轻人相对财富地位的下降，导致现在的年轻人想要实现财富的提升，变得越来越困难，也反映出整体致富环境的退化。一方面，整体经济增速从过去的 10% 以上，降低到现在的不到 7%；另一方面资本的回报增速远超人力的回报增速，两项相加，更可见资本相对于人力的优势在快速上升。

这说明什么？说明资本相对于人力资源更为稀缺。可能有人会觉得奇怪：现在不是到处都说产能过剩、资本过剩吗，怎么还会出现资本稀缺？其实，所谓的资本过剩，只是某些行业过剩，是由于资本配置错误，导致资本畸形地集中到某些行业，但更多行业里的资本是稀缺的，所以才会出现民间借贷利率高，民营企业融资难的现象。

图 10.1　其实，所谓的资本过剩，只是某些行业过剩，是由于资本配置错误，导致资本畸形地集中到某些行业，但更多行业里的资本是稀缺的，所以才会出现民间借贷利率高，民营企业融资难的现象。

“人赚钱难，钱赚钱易”正成为越来越多没赶上泡沫盛宴者的感慨。这句话也形象地反映了人力资源所得回报的相对下降。这对于在人力资源上占优势的年轻人来说，不是好消息。

要打破“年轻人变穷了”这一魔咒，提高年轻人致富的机会，最好的办法就是让资本充裕起来，而不是畸形地集中在某些行业。由资本来争夺人才，造成资本的回报相对下降，人力的回报相对上升，年轻人才会有竞争优势和更多向上流动的机会。

房价下降你就买得起吗？

从 2000 年初开始，京沪等一线城市房价上涨几乎持续了 10 多年，只有在2008年出现了小幅回调，之后便继续呈大幅上涨趋势，于是有人便说“京沪房价永远涨”。但是，真的是这样吗？

据媒体报道，2017年上半年，为了抑制飞速上涨的房价，不少一、二线城市甚至三、四线城市相继出台了房地产限购新政，在楼市的最严调控下，房价终于表现出降温的态势。5月份，北京二手房成交均价环比下滑2.4%。有交易的12个区中有8个区的成交均价在下跌，跌幅最大的是通州、亦庄，都超过了20%。

房价这种暂时的回落对于无房族来说，似乎是个好消息——最好，房地产直接崩盘，便宜房子随处可捡，那就更合心意了。可惜的是，即便房价崩盘，穷人买房也更可能是一厢情愿。

早在几年前，我就曾和一位经济学家讨论过“在供给没有增加的情况下，房价下降就能让穷人买得起房吗”这个问题。这位经济学家认为这是理所当然的事情。然而，我却认为这是违背经济学常识的。按照经济学常识，如果供给没有增加，人们的偏好也没有大的变化，而房价下降，那只能是因为人们更加买不起房了。简单地说，不是房价下降而让更多人买得起房，而是人们更加买不起房而让房价下降。

供需决定价格，这是经济学的基本原理，但是在说到现实存在的经济现象时，人们往往容易倒果为因。比如，下雨天雨伞价格上升，买的人多，有人说这是价格越涨买的人越多，这就是典型的倒果为因，其实是买伞的人多才使得伞价上涨。因此不管人们的愿望如何（无数人希望买到便宜房子），因果关系不会改变。

同理，很多学者说，如果房价崩盘，会让经济萧条，这也是倒果为因，是经济萧条让房价崩盘，而不是房价崩盘让经济萧条。很多国家、地区有过房价泡沫破灭的先例。20世纪80年代的日本人相信东京房价永远涨，结果1991年随着国际资本获利后撤离，由外来资本推动的日本房地产泡沫迅速破灭；20 世纪 90 年代的香港人也相信香港房价永远涨，1997 年东南亚金融危机直接导致香港房地产泡沫破灭；日本、中国香港房价都经历过下跌 70% 到 80%，且多年到不了前期高点的情况。但是，日本、中国香港的房价虽然崩盘了，却从来没有一个例子表明，房价崩盘时，普通老百姓高高兴兴地捡了很多便宜房子。相反，老百姓不仅家庭的存量财富（比如手里的房产）同时缩水，而且带来增量财富的工作、投资机会也可能保不住，生活反而随之更加困窘。

房价的解决之道是：紧货币，增加土地供应，放开管制。如果供给增加，房价当然会下跌，也的确会让更多人买得起房。但如果供给没有增加，偏好没有改变，货币没有减少，房价却在下跌，那只能是因为人们对未来的收入预期下降了。

也许，你存了一笔钱正准备买房，现在房价下降，岂不是正合你意？但，自问一下，你真的敢买吗？有两个原因可能让你不敢买：一、你可能

图 10.2　简单地说，不是房价下降而让更多人买得起房，而是人们更加买不起房而让房价下降。

要为自己的收入下降做储备；二、如果别人收入下降加剧，房价会继续下跌，你现在买就亏了。你会因为经济预期向好而买房，而不会因为房价大崩盘而高高兴兴去买房。

是泡沫总要破灭，但老百姓不会在泡沫破灭中获得好处。老百姓真正获得好处，是在泡沫破灭、经济调整过来之后，因为老百姓的福祉永远和市场经济紧密相关。所以永远不要幻想着房价下跌以便自己买房。

中国青年买房比例高，多亏父母

汇丰银行最近发布了一份调查报告，调查了中国、美国、马来西亚、墨西哥等 9 个国家的年轻人住房情况。报告指出，中国的 80 后、90 后住房拥有率高达 70%，遥遥领先第二名的墨西哥（46%），甚至是美国（35%）的 2 倍。那么，媒体不都说中国年轻人变穷了，买不起房的年轻人也经常高喊着限购降房价，他们超过美国年轻人 2 倍的自有住房是从哪里来的呢？

其实，中美青年住房拥有率差距这么大，背后隐藏着很深的经济原因。

中国青年买房的首付，很多来自于父母，最主要的原因是改革开放以后，中国经济长期维持高速增长，增速长期在 10% 以上，这让父母那一代人积累了不少资产，可以帮助子女买房。然而，近年来，随着中国经济增速降到 7% 左右，且老龄化时代到来，养老支出增加，青年一代买房的难度开始逐步上升。而有媒体指出，中国父母之所以愿意倾尽全家积蓄为后代买房，“丈母娘”的作用功不可没。

那么，丈母娘为什么喜欢逼女婿买房呢？其中的原因是买房是最直接的甄别手段。传统社会可以找左邻右舍来打听未来女婿的底细，而如今人口流动大，很难再通过他人来打听男方的底细。因此，小伙子家底如何，通过有没有房子来判断，就显得更加简便省事。另外，中国的丈母娘是最精明的丈母娘，她们也懂得买房越来越难，如果没有房子做依靠，很难相信男方会给自己女儿更好的生活。因此，没有房子就很难取信于丈母娘。

所以，丈母娘的择婿偏好背后，不是因为丈母娘的生活习惯老套，而是经济形势在决定丈母娘的偏好。

而西方青年自有房屋拥有率低，并非不是他们不喜欢安定，而是其中也有经济因素影响。以美国为例，经济增速长期维持在 1% 至 3%，青年自然难以有积蓄买房，而且父母也很难帮得上忙，因为美国的储蓄率总体上远低于中国。另一方面，美国房产税很高，拥有房产不仅是拥有资产，同样也是一个负担。因此，没有足够的准备，年轻人不敢轻易买房。

图 10.3　而有媒体指出，中国父母之所以愿意倾尽全家积蓄为后代买房，“丈母娘”的作用功不可没。

同时，汇丰银行的这份报告也显示，“工资赶不上房价增长的速度”是世界性的现象。在报告中，除了中国和马来西亚，2017 年其余 7 国的实际工资增长幅度都被预测低于 2% 的水平，而发达国家的房价涨幅大体在 5% 以上的水平。而这是全球连续多年的极为宽松的货币政策所导致的——宽松货币在全球都推高了房价，同时，却无助于经济的真实增长，也幸亏中国青年有经历过经济高增长时期的父母，才得以在这全球性的难题中稍占优势。

另外一个现象是，全球人口都在向大城市集中，即便是像日本这样的老龄化国家，人口也越来越多地涌向东京等特大城市。中国青年尽管自有住房比例高，但这些自有住房和他们流向的地区，未必是吻合的，所以可以看到很多青年人在老家有住房，却要在北上广这类的大城市租房住，而且，未来这个趋势还将加大，而普通年轻人想要在大城市拥有住房，也会相对较难。

根据数据预测房价是科幻小说

2012 年之后，大数据（big data）一词越来越多地被提及，数据的价值正在为人所知。有人说，是否可以利用大数据来预测房价？

说起炒股的原则，很多人会想到“低买高卖”，但是，你怎么知道哪里是低买，哪里是高卖？假如房价可以用大数据预测，那么股价也是经济数据，也可以通过大数据预测，而且股市数字相对房价更透明、更精确、更全面，得到股市大数据，比得到房价大数据容易多了，然后股民就真的知道哪里是股市的低点，哪里是高点，最终就真的低买高卖，人人都能通过炒股发财了。

的确，也有很多人做过这方面的努力，希望通过建立模型预测股市而发财，但所有人都失败了。假如人们知道10天后是股市的高点，人们会怎么做？大家都会买入，结果就会在现在就把股价抬上去，高点今天就会到来。

股市的这种现象，经济学中称为“市场有效理论”，意思是说，市场上所有的人都在预测，所有信息现时就会反映在股价上，10天后的利好或者不利好，今天就会包含在股价中。西方有种说法，说猴子扔飞镖选股，业绩也不会比基金经理差，这是因为，基金经理面对的，也是市场消化了的股价，当然有些基金经理的业绩更好，但那其实更有可能是运气。

病毒的传播可以建立模型预测，那是因为病毒的轨迹是确定的，但人的行为是不断变动的。当人们知道明天的信息，他们在今天就会改变行为的轨迹，所以，经济数据不可能精确预测。

经济学家张五常喜欢引用一句话：“早知三日事，富贵万万年。”任何企业家都是在冒风险，比运气，看谁恰好符合了消费者的需求。符合消费者需求的就发财，否则就被淘汰。没有人可以确知某个经济事件。

但是有些人却宣称自己可以“早知三日事”。试想一下，如果真的有准确预测房价的办法，那肯定早就被房地产商发现了，并且早就被用来发财了。但悖论也就来了：如果大家都知道房价的精确涨跌，那么，他们就会采取行动买卖，这个信息就会反映在今天的房价中了。这个悖论房地产商无法解决，学者更无法解决。

也许为了掩盖这一悖论，他们宣称，他们将把精确的预测数字只在“内部”使用，他们看来也明白，如果公开，就会引起人们行动的变化。但是这个说法只是自欺欺人。一是上面说过的，如果真的存在那种人们梦寐以求的预测办法，无数房地产商早就发现了；二是市场上无数人的

图 10.4 病毒的传播可以建立模型预测，那是因为病毒的轨迹是确定的，但人的行为是不断变动的。当人们知道明天的信息，他们在今天就会改变行为的轨迹，所以，经济数据不可能精确预测。

行为，哪怕是基于模糊感觉的行为，也早就消化了一切未来预测。

不能否认，有很多人表现出预测房价的准确性，比如某位知名开发商。但是大家都明白，那也只是他基于专业经验的一种感觉，并且他任何时候都有可能预测失败。所以，管理部门不会比这位知名开发商做得更好，他们应该做的是，让市场去处理不确定的事，让企业家去预测消费者的需求，因为他们一旦加入行动，就会增加市场不确定性，让企业家、消费者无所适从。

两套学区房拯救一家上市公司，全民炒房风险高

随着社会竞争的日益激烈，为了不让孩子输在起跑线上，许多家长开始不惜重金购买对口好学校的学区房，而家长的这一心理就被很多炒卖学区房的投机者所利用，使得学区房价格不断飙涨。

作为首都，北京的学区房自然也在不断用价格刷新我们的认知，而2016 年发生的一件事情，再一次刷新我们的认知——它能拯救一家公司

以及这家公司近万股东。

2016 年 9 月 20 日，*ST 宁通 B 发布公告称，公司以公开挂牌方式转让两套北京市重点小学本部学区房。媒体分析，如果按 10 万元 / 平方米计算，这两套房产的出售价格则会高达 2829.1 万元，较目前房产账面价值高出 21.8 倍，这很可能会使 *ST 宁通扭亏为盈，摆脱退市风险。

依靠十几年前买进的两套北京西城区房产，就部分抹平上半年亏损，拯救一家上市公司，我们首先应该反思的是学区房政策。很多人不同意放开学费，认为一放开学费，就会导致好学校都被有钱人家的孩子占了，可现实却在告诉人们，不放开学费，好学校仍然是有钱人的孩子在上。一套学区房动辄数百万、上千万，普通人买得起吗？还不如放开学费，好学校可以高收费，至少这笔钱交给学校了，而现在这笔钱却交给了房东、炒房者。

其次，全民炒房风险越来越高了。巴菲特曾说，投资的秘诀在于大多数人恐惧时贪婪，大多数人贪婪时恐惧。房子本来是用来住的，不是用来炒的，但是现在蜂拥而上的炒房者，让房子在基本的居住功能之上，被赋予了较大程度的金融功能和炒作空间。所以与其说是两套房拯救了一家上市公司，不如说是全民炒房拯救了一家上市公司。

网上的笑话说：不少上市公司经营一年的利润也够不上一套房，但股东若减持 1% 的股份却可以买好几套房，问，哪个泡沫更大？没有人能分辨出哪个泡沫更大，因为变量太多了。但有一点很肯定，那就是，两个泡沫都很大。

企业盈利低，为何股价却高？这是因为人们预期未来收益高。资产价格是对未来收益的折现，无论股价还是房价均是如此。未来收益高有两种情况，一是经济重新进入高速发展阶段，二是货币大幅宽松，使资产的名义收益提高。2016 年前三个季度，我国 GDP 当季度同比增速均保持在

6.7%，“L形”底部初见，人们为资产开出高价，更大可能是基于第二种预期。

经济不好，为何房价反倒高涨？很多人的回答是，就是因为做实业赚不到钱，所以大家才炒房啊。但是，做实业赚不到钱，全民炒房就能赚到钱了？真实原因是，通胀预期下，人们纷纷涌进房子这个收益相对比较平稳的资产避险。但是涌入的速度太快了，避险的行为又导致了新的风险。

2015年年初随着全民炒股热潮的持续上演，各种令人震惊的疯狂举动展现在市场面前，甚至有些投资者把自己的房产拿去抵押，而后贷款炒股，以达到利润最大化的目的。当时就有明智的人说过一句话，当菜市场的大爷大妈都谈论炒股时，股市就危险了。这句话其实有经济学道理，那

图 10.5　全民炒房是市场行为，不应干预，但全民炒房的风险却要警惕，主管部门需要做出调整，以改变全民炒房的心理预期。

就是，当菜市场的大爷大妈都谈论炒股时，未来的利好基本快折现完了。当时不相信这句话的人，在 2015 年下半年的股灾中受损严重。目前楼市的氛围和 2015 年的股市差不多，人们一边叫着“楼市太疯狂了”，一边扎进炒房大军，未来的利好以极快的速度折现，一旦出现利空，楼市恐难承受冲击。

全民炒房是市场行为，不应干预，但全民炒房的风险却要警惕，主管部门需要做出调整，以改变全民炒房的心理预期。比如以实际行动消除宽松货币的预期，或改革土地机制、加大房屋供应，或赶紧给市场松绑、让实业振兴。

楼市牵涉千家万户，如果不尽快改变全民炒房的心理预期，一旦房价大跌，就会出现很多经济、社会问题。假如再度“大规模扩张 M2”来拯救房价、维持经济稳定，那只会进一步诱导全民炒房，制造更大的难题。所以，与其未来进退两难，不如现在加快解决问题。

二线城市房价猛涨，地方官员为何不高兴？

2016 年是房地产市场极其火爆的一年，销售量和销售额都创下历史新高，根据国家统计局公布的数据显示，2016 年 4 月全国 70 城房价与上月相比，下降的城市有 5 个，上涨的城市有 65 个，环比价格变动中，合肥以 5.8% 的最高涨幅领跑。面对房价猛涨的态势，时任合肥市委书记的吴存荣却说：“合肥房地产要加强调控，防止过快增长，否则，合肥城市竞争力就没有了。”

吴存荣的说法，佐证了我的一个观点。长久以来，舆论中就流传着地方政府推高房价、维持土地财政的说法，但我却认为地方政府追求土地财政的说法并不成立。土地财政确实是事实，但它是地方政府主动追求的结果吗？不是。

毫无疑问，地方官员愿意看到经济发展、土地升值，因为这意味着财政收入增加。但如果经济没发展，只是房价在涨，那么，就会出现吴存荣所担心的情况：城市失去竞争力，投资下滑，税源萎缩。

经济学的规律揭示，地方政府主动追求土地财政，在逻辑上无法实现。A 市追求土地财政，把土地价格推高，工人会流到 B 市，投资者会搬到 B 市，最终，A 市不仅失去了税源，土地价格也会因为人们搬离而下跌。

所以，地方追求的是财政收入最大化，土地财政在财政收入中占比越大，其实越不利于财政收入最大化，因为那说明税源下滑了。税源的萎缩不是小事，它不仅会影响财政收入最大化，更影响就业、社会稳定。没有官员愿意每天焦头烂额地对着一大堆不利于稳定的失业人群，他们最希望的是经济发展，各方安定，财政收入高，然而土地财政和他们的希望是不相符的。

有没有可能全国的地方机构联合起来，共同推高房价呢？经济学家张五常说，窜通定价是神话。即便两个大企业之间，也不可能达成价格联盟。因为一方抬价，就是给另一方制造机会，而在竞争逻辑上，地方政府和企业并无不同。

那么，在现实中，为什么没看到地方竞相增加土地供应、降低房价，却只看到土地财政呢？

之所以卖地收入占比越来越高，主要有三个原因：一、统一严控土地供应；二、货币增发抬高资产价格；三、企业税源不振。可以看到，这三项其实都是由宏观经济形势决定的，地方政府做不到这几点。有了这三项原因，就出现了土地财政怪现象，而这并不是地方政府的意图。

很多人习惯于有事就怪地方政府。也难怪，人们直接接触的，是地方官员。我并不是说地方官员有多好，而是说，要理解地方官员的行为逻辑，要找对原因。否则，就算对地方官员万箭齐发，房价也射不下来。

有一种和土地财政恰好相反的说法，也很流行。如由袁剑所著的《奇迹的黄昏》就说，中国经济奇迹的一个重要原因，是地方政府贱卖土地。那么问题来了，地方政府究竟是贱卖土地，还是抬高地价？有些人很神奇，可以同时接受这两种观点而不觉得矛盾，并且他们对贱卖、贵卖土地都很不满。还有人“聪明”地将两种流行观点调和为：贱卖工业土地，抬高住宅地价。问题是，难道抬高住宅地价不影响人力资源流入、不影响竞争力？正确的说法是：地方政府既不贱卖土地，也不贵卖土地，它们只按照竞争约束下的价格卖土地。如果看到土地贵了，那要看竞争条件、货币环境有了什么变化。

图 10.6　毫无疑问，地方官员愿意看到经济发展、土地升值，因为这意味着财政收入的增加。但如果经济没发展，只是房价在涨，那么，就会出现吴存荣所担心的情况：城市失去竞争力，投资下滑，税源萎缩。

当货币极为宽松，地方政府的投资摊子铺得大，它们自然会希望继续宽松；营改增，地税变国税，地方税收优惠权大幅减少，影响了它们利用税收优惠吸引投资，这些条件的改变，都是不利于减轻土地财政的。

房贷首付比例降低和利息抵税，都有利于老百姓

在这轮房价暴涨，全国多个城市不得不再次出台限购政策之前，在去库存的要求下，房地产政策其实是逐渐趋向宽松的。2015 年 3 月 30 日，中国人民银行、住房和城乡建设部、中国银行业监督管理委员会三部委联合发布《关于个人住房贷款政策有关问题的通知》，降低二套房首付比例。同日，财政部又发布《关于调整个人住房转让营业税政策的通知》，明确指出个人将购买 2 年以上（含 2 年）的普通住房对外销售的，免征营业税。

与现在火爆的房地产市场相比，2015 年的房地产市场是萧条的。数据显示，2015 年 1 月至 2 月，全国房屋新开工面积 13744 万平方米，同比下降 17.7%，比 2014 年全年下降 7 个百分点。其中，住宅新开工面积下降 19.8%，比 2014 年下降 5.4 个百分点。2015 年 1 月至 2 月，全国住宅销售面积和销售额双双呈现“两位数”负增长。其中，销售面积下降 17.8%，比 2014 年全年跌幅扩大 8.7 个百分点；住宅销售额下降 16.7%，跌幅扩大 8.9 个百分点。

2014 年农民工讨薪事件增加，并且多发生在基建领域；民间借贷资金链断裂的事件频发，也多和房地产开发有关。所以为了缓解房地产市场的窘境，减少群体性事件，四部委才会在 2015 年出台这些新政，而专家把这种现象多解读为四部委联手救楼市。

不过，把这轮救市和货币政策结合起来看，还是有很多值得关注的区别。

2009 年政府用 4 万亿开启 M2 扩张的闸门，也开始了宏观调控取代改革的大转向。但是，房地产政策方面，却是不断收紧的，“今天一限购，明天一限贷”是 2009 年后的楼市政策常态。当时出台这些政策，意图是美好的：一方面 M2 扩张，另一方面压制楼市泡沫。但经济规律不以人的意志为转移，2009 年之后，中国房价经历了最快速度的上涨。

随后几年，4 万亿的后遗症变得明显，楼市不振，其实是泡沫破灭的必然。正常来说，泡沫破灭会导致资产价格暴跌，但在这轮泡沫破灭的过程中，央行又不断在“微刺激”，所以房价保持了不温不火的局面，可谓破而不灭。

从 2014 年到 2015 年，股市大涨，大涨的原因不是中国经济快速发展。因为 2015 年前两个月的统计数据显示，中国经济延续了 2014 年四季度的放缓势头，部分经济指标在中高速平台上回落。既然经济并没有很亮眼，为什么股市还会大涨？其中一个重要的原因，就是股市在把对未来的货币贬值趋势体现于当下价格中。

不过，放宽楼市对普通老百姓有利。因为过去宽货币 + 紧楼市，阻碍了老百姓购买资产来避免泡沫损失。而 2015 年这次宽货币 + 宽楼市，老百姓也还有一点儿机会避免损失。

而在 2015 年房地产库存居高不下的大背景下，除了四部委联手救楼市，在年底还有一个消息刺激着楼市。当年 12 月 1 日下午，受房贷利息抵税传言的影响，地产股突然井喷上涨，板块大涨近 4%，其中万科 A、保利地产、金融街等超过 10 只个股涨停。

“个人所得税抵扣房贷”也可以叫作房贷利息抵扣个人所得税，是指将房贷利息作为税前减除项扣除。

对于房贷利息抵税这事，有券商分析师说相当于 5 次降息，还说会刺激地产泡沫，而有些网友说房贷利息抵税对没买房的人不公平。

先看看房贷利息抵税是否会刺激地产泡沫。所谓地产泡沫，指的是宽松环境下，货币不断贬值，推高资产名义价格。与地产泡沫相伴随的一个现象，就是工资涨幅远远落后于房价。而所谓名义工资的上涨，也不是实际收入增多，而是货币充水的结果。但是房贷利息抵税却不是这样。个人所得税扣除，是把真实收入还给老百姓，不是对收入充水，所以它不会引起泡沫。

房贷利息抵税其实就是对一部分人减税，对于买房者来说，无论你是谁，你的负担都减轻了。那么，房贷利息抵税对没买房的人是否不公平呢？答案是肯定的，但要看是怎么个不公平。

图 10.7　房贷利息抵税其实就是对一部分人减税，对于买房者来说，无论你是谁，你的负担都减轻了。

打个比方，甲和乙的工作业绩都很突出，甲得到加薪，乙没得到。你可以说乙没得到加薪是不公平的，但不能说甲得到加薪是不公平的。

乙觉得不公平怎么办？乙应该向老板争取加薪，而不是反对甲加薪。减税同样如此。所以，希望房贷利息抵税成为现实。